DAS
GAB'S
DOCH MAL

BERNHARD WÖRDEHOFF

DAS
GAB'S
DOCH MAL

Vielerlei Dinge, die aus unserem Alltag entschwunden sind

MIT 39 ILLUSTRATIONEN
VON THYRSO A. BRISÓLLA

VERLAG CHRISTIAN BRANDSTÄTTER

INHALT

Einleitung *10*

Gedenkblatt für ein Symbol:
DAS TINTENFASS 12

Krücke für den Müßiggang und Philosophie:
DER SPAZIERSTOCK 14

Buchhändlers Duftmarke:
DIE MARQUETTE 16

Nicht mehr zum Ruhme, nur noch für den Topf:
DER LORBEER 18

Keine Träne wird ihm nachgeweint:
DER TEPPICHKLOPFER 20

Einst ein Klassenmerkmal:
DER ABNEHMBARE KRAGEN 22

Schnicks Verbannung aus dem Wohnzimmer:
DAS AUSGESTOPFTE HAUSTIER 24

Kommunikationsformen vor dem Telefax:
RITUALE DER VISITENKARTE 26

Das Gesicht mußte strammstehen:
DAS MONOKEL 28

Einst eine deutsche Frage:
DIE HUTKLAMMER 30

Ein haariger Fetisch:
DIE LOCKE IM AMULETT 32

Vornehme Blässe vor dem Ozonloch:
DER SONNENSCHIRM 34

Aus der Not eine Tugend:
DIE KOCHKISTE 36

Symbole des Todes:
SICHEL UND SENSE 38

Kein Dunstkreis mehr:
SIEGELLACK UND PETSCHAFT 40

Von der Sitte zur Unsitte:
DER SPUCKNAPF 42

Als der Stummel noch Zukunft hatte:
DER BLEISTIFTVERLÄNGERER 44

Schupos Dunstkiepe:
DER TSCHAKO 46

Voremanzipatorisches Reizen und Verbergen:
DER SCHLEIER 48

Im Gefolge der Zipfelmütze:
DER SCHLAFROCK 50

Von Generationen bestickt:
DIE BUCHHÜLLE 52

Kein Geschäft für Biberkopf:
DER SCHLIPSHALTER 54

Amtssekretär Beckmessers Kennzeichen:
DER ÄRMELSCHONER 56

Das Beinkleid sportiver Männlichkeit:
DIE KNICKERBOCKER 58

Zur Bändigung der Manneszier:
DIE BARTBINDE 60

Gerümpel am Weg des schlechten Gewissens:
UTENSILIEN DES ZIGARETTENRAUCHERS 62

Schöner Schein der Männerbrust:
DAS CHEMISETT 64

Verborgene Blicke nach draußen:
DER FENSTERSPION 66

Zierde des distinguierten Herrn:
DIE KRAWATTENNADEL 68

Darunter steckte ein kluger Kopf:
DIE BASKENMÜTZE 70

Praktischer Vielzweck:
DIE BOTANISIERTROMMEL 72

Blutspur auf einem langen Weg:
DAS RASIERMESSER 74

Ein vielseitiges Utensil:
DER NACHTTOPF 76

Obligat für Würdenträger und Lebemann:
DER ZYLINDERHUT 78

Elegant und praktisch:
DIE GAMASCHEN 80

Ohne Artenschutz:
DER ROSSAPFEL 82

Im Dienste geplagter Waden:
DIE FUSSBANK 84

Verschwundene Riten:
DER TRAUERFLOR 86

Genüßlich von der Rolle:
DER KAUTABAK 88

Zum Weiterlesen 92

EINLADUNG
INS MUSEUM DER
ALLTAGSSACHEN

Ganz abgesehen von seinen höheren Zielen, die sich im Alltag dem Blick sowieso leicht entziehen, hat der Mensch zu allen Zeiten danach gestrebt, das Leben einigermaßen kommod zu bestehen. Dazu bedarf er des notwendigen Zubehörs, von dem er wähnt, es mache ihm das Dasein erträglich, nütze ihm, verschöne es gar günstigenfalls.

Wäre da nicht der Strom der Zeit, der zuweilen nur ein Bächlein ist. Alles fließt, soll Heraklit gesagt haben. Aber manches geht auch nur den Bach hinunter oder wird aus dem Strom ausgeschwemmt. Davon macht des Menschen Zubehör keine Ausnahme. Plötzlich ist das seit langem Gewohnte aus dem Alltag verschwunden. Der Mensch hat sich seiner entledigt, was entbehrlich, veraltet oder überholt ist oder die Mode streng verworfen hat; es ist verschwunden, ist weg. Begegnet man ihm unversehens wieder, heißt es: Das gab's doch mal!?!

Manches gab's nicht nur mal, sondern sehr lange. Kleine Ursache, große Wirkung: Die heftigste Zäsur zwischen dem Damals und unserem heutigen Alltag hat der Mikrochip besorgt. Er ließ nützliche wie gewohnte Dinge zum Gerümpel werden, die lange ein Stück unseres Alltags gewesen sind, gar zum Symbol oder Mythos geworden waren.

An eine Reihe dieser Dinge erinnert dieses Buch, es will eine Art musée imaginaire des Alltags sein, in dem sehr unterschiedliche Exponate zu finden sind. Manche erinnern an einen beklagenswerten Verlust. Andere, Relikte vergangener Moden zumal, präsentieren sich mit einer dicken Staubschicht, die kaum noch wegzupusten ist. Aber der Blick auf sie enthüllt Facetten eines Lebensgefühls kaum vergangener Jahre. Wieder andere Museumsstücke werden die Frage aufwerfen, warum sie unserem Alltag entschwunden sind, da doch ihr Nutzen auch unerbittlich Fortschrittsgläubigen offenkundig sein sollte. Dem Museumsführer bleiben da nur Vermutungen, wo mancher Leser vielleicht sogar eine Antwort parat hat. Und dann finden sich schließlich auch Stücke, die in unserem Alltag noch wacker Dienst tun. Warum ihre Verbringung ins Museum? Weil ihnen der Symbolgehalt abhanden kam und ihr Gebrauch nur noch den Schatten der einstigen Bedeutung hat.

Die meisten der Exponate in unserem Museum des Alltags haben in der Literatur, die ja auch Gedächtnis der Menschheit ist, Spuren hinterlassen. So finden sich in den meisten Texten entsprechend Zitate und am Ende ein Verzeichnis der Bücher, denen sie entstammen: Zum Weiterlesen, wozu manche von ihnen aber vom Ufer aufgeklaubt werden müssen, an das auch sie der Strom der Zeit und sein Schwemmsand gespült haben. Etwas für der Archäologie zugetane Sammler, Forscher und auch Strandläufer des Alltags.

DAS TINTENFASS

Mit den dazu gehörigen Schreibgeräten ist auch das Tintenfaß, aus dem jene ihren Lebensstoff gewannen, unserem Alltag entschwunden.

Der ersten industriellen Revolution fiel die Feder zum Opfer, mit der noch Goethe seine Werke zu Papier brachte. Trotz ihrer Mängel wurde ihre Nachfolgerin, die Stahlfeder, keineswegs nur enthusiastisch begrüßt, wie ein Brief der Dichterin Droste-Hülshoff aus dem Jahre 1845 bekundet: „...ich plage mich wie ein armer Hund mit meinen schlechten Stahlfedern und habe schon ein ganzes Kästchen durchprobiert, aber alle wollen entweder die Tinte nicht lassen oder haben immer von neuem Haare im Schnabel, als wenn ihnen ein Bart nachwüchse. Glückselig, wer mit Gänsefedern schreiben kann! Ich kann's nicht, denn ich verstehe sie nicht zu schneiden und Mama ebensowenig!"

Zur Feder wie zum (Stahl-)Federhalter gehörte untrennbar das Tintenfaß in seiner Vielfalt, bis hin zu seiner versenkbaren Form in der Schulbank des Klassenzimmers der ersten Hälfte unseres Jahrhunderts. Übrig blieb von alledem das Schraubglas als Reservedepot für den Füllfederhalter, sofern der nicht mit einer Tintenpatrone geladen wird.

Mit dem klassischen Tintenfaß ist mehr als der Verlust eines noch vor kurzem allgegenwärtigen Schreibzubehörs zu beklagen, denn das Tintenfaß symbolisierte auch ein wichtiges Stück unserer Kulturgeschichte. Ohne es ist der Anfang unserer neuhochdeutschen Gemeinsprache nicht denkbar, den Martin Luther 1522 auf der Wartburg mit seiner Bibelübersetzung setzte. Als ihm der Teufel dabei in die Quere kam, warf der Reformator, wie wir wissen, ein Tintenfaß nach ihm. Der Fleck, den das Tintenfaß und sein Inhalt an der Wand hinterließen, ist der populären Vorstellung von Luthers Werk wegen seither oft erneuert worden. Es gehört unverändert zu Luther und seinem Werk.

Daran ändert auch nichts, daß es ein Tintenfaß, wie es uns vor Augen steht, zu Beginn des 16. Jahrhunderts noch gar nicht gab. Er wird das zu seiner Zeit von Gelehrten übliche Tintenbehältnis aus natürlichem Material benutzt haben: „ein Tintenhörnchen, wie damals meist üblich, an der Seite des Tisches anzubringen" vermutet der kundige Luther-Biograph Richard Friedenthal.

Wie die Deutschen durch Luther und sein Tintenfaß oder -hörnchen zu ihrer gemeinsamen Sprache jenseits der Dialekte kamen, so verband sich noch vor wenigen Jahrzehnten mit dem Bild des Tintenfasses der Beginn des Schreibens. Die Fibel des I-Dötzchens oder ABC-Schützen begann mit dem Vokal I, und illustriert war der Buchstabe durch einen Knaben, der die Spuren eines umgestoßenen und ausgelaufenen Tintenfasses zeigt. Von Luthers Tintenfaß-Wurf bis zur lautmalenden Evokation des Tintenheinis, wie der beschmierte Knabe in der Fibel hieß, spannte sich der Bogen des Symbols für unser Leben mit der Sprache. Und seine schwarze Seite. Sie war sicher nur zu vermeiden, wenn man es wie Gontscharows Romanheld Oblomow hielt: „...im Schreibschrank stand ein Tintenfaß samt Zubehör ... aus dem Tintenfaß aber wäre, wenn man die Feder eingetaucht hätte, allenfalls eine erschreckte Fliege summend aufgeflogen."

Die Veränderung der Schreibgewohnheiten zumal durch den Rückzug des Tintenfasses hat tiefe Spuren in unserer Kommunikation hinterlassen. Auf deutsch gesagt: Mit dieser Veränderung ist die Briefkultur auf den Hund gekommen. Denn das notwendige Eintunken der Feder oder des Federhalters setzte dem Vorgang des Schreibens Pausen, die außer der Aufnahme von Tinte in den Gänsekiel oder die Stahlfeder auch dem Fluß der zu Papier gebrachten Mitteilungen oder Gedanken kurze Aufschübe zu neuem Nachdenken ermöglichte. Die Korrespondenz mittels handgeschriebener Briefe, ohnehin aufs Private verwiesen, ist mit der Veränderung der Schreibutensilien vollends zur Seltenheit geworden.

Der Siegeszug neuer Schreibtechniken bis hin zum *word processor* hat folgerichtig das Tintenfaß und die Schreibgeräte, die von ihm lebten, ins Museum und ins Sprichwörtliche verbannt. So bleibt uns bis auf weiteres immerhin die Möglichkeit der spitzen Feder metaphorisch auch im Diskettenlaufwerk des *Personal Computer*. Was aber die spitze Feder einmal real bedeutet hat, wird bald kaum jemand mehr verstehen.

DER SPAZIERSTOCK

Als Oberbürgermeister seiner Heimatstadt Köln sah man Konrad Adenauer mit Spazierstock, meistens über den Arm gehängt. So war es bei den bürgerlichen Zelebritäten jener Jahre in der Republik von Weimar gang und gäbe. Jahrzehnte später wäre der Stock befremdlich erschienen, als Adenauer, hoch in den Jahren und daher mit natürlichem Anrecht auf den stützenden Stock, erster deutscher Bundeskanzler war. Denn zum einen bedurfte dieses Musterexemplar des aufrechten Ganges keiner Stütze, zum anderen hatte der Spazierstock inzwischen seine Eigenschaft als Symbol des bürgerlichen Honoratioren verloren. Erhalten blieb dem Stock nur seine stützende Funktion, als Krücke und drittes Bein für Gebrechliche aus Alters- und Gesundheitsgründen sowie als Wanderstab einer ausgedünnten Tradition.

Zu einem bürgerlichen Ding an sich, einer Art nutzlosem Bekleidungsstück, wurde der Spazierstock erst in seiner Spätphase, als längst verinnerlicht war, daß sich die Bourgeoisie als staatstragende Klasse ein Herrschaftssymbol ihrer Vorgänger friedlich anverwandelt hatte.

Der Stock hatte sozusagen abgerüstet, galt nicht mehr als Drohmittel wie etwa im preußischen Militärstaat („Racker, wollt ihr ewig leben!") oder handliches Prügelinstrument. Der Bürger mißbrauchte ihn nur ausnahmsweise. Der Stock wurde, in seiner Hand oder am Unterarm aufgehängt, mit dem ihm vom Zeitgeist verliehenen Namen zum Inbegriff bürgerlicher Lebensweise, die den Müßiggang, eben mit dem Spazierstock, einzuschließen verstand. Damit ließ sich denn auch das oft kostbare, zuweilen edle Stück sichtbar als Zeugnis gediegener Einkommensverhältnisse vorführen. Entweder nur durch sein Dasein an Hand seines Besitzers oder indem dieser den Spazierstock schwang, wirbelte, emporstreckte, mit ihm salutierte. Kurz und gut: Die Befindlichkeit oder Laune seines Herrn ließ sich daran erkennen wie beim Hund am Schwanze. In der (nicht immer erstklassigen Literatur) um die Jahrhundertwende muß sich der von Natur aus friedsame Spazierstock gelegentlich seiner vorbürgerlichen Herkunft erinnern. Dann pfeift er drohend durch die Luft und trifft gar schmerzlich den Rücken des also Gestraften, eines frechen Angehörigen der nachgeordneten Klasse zumeist.

Erstaunlich, daß der Spazierstock dem Menschen in seiner gemütlichen bürgerlichen Nutzlosigkeit ebenso wie als Instrument philosophischer Tiefenschürfung entbehrlich wurde. Offenbar konnten nämlich die großen Denker noch bis vor kurzem seiner beim Denken nicht entraten. So sah man Martin Heidegger, glaubt man den Fotos, kaum je ohne Spazierstock. Und Hans Blumenberg, Philosoph unserer Tage, hat über den Stock in der Philosophie so lehrreich wie amüsant geschrieben: Edmund Husserl, Begründer der Phänomenologie, habe etwa seine lebenslange Realitätssuche kundgetan, wenn er seinen Spazierstock gegen den Türpfosten stemmte. Darin wiederum habe Helmuth Plessner eine leibhafte Grundfigur der Phänomenologie gesehen, wohingegen er, Hans Blumenberg, im Blick auf die Beschaffenheit von Husserls Spazierstock („der von zeitgenössischer Eleganz und folglich biegsamer Dünne gewesen sein wird") meine, er müsse „dem Beobachter eher als Bogen der Intentionalität vorgekommen sein, denn als Instrument der Soliditätsprüfung des robusten Torpfostens, der ihm widerstand."

Ein bißchen einfacher ist die Frage zu beantworten, wie wohl heute Klein-Hänschen ohne Spazierstock zurecht- und durchs Leben kommt: So gut oder schlecht wie mit dem ihm so lange angesungenen Spazierstock, allenfalls etwas umständlicher als in jener fernen Zeit, da die Voraussetzungen für sein Wohlergehen in der Liedzeile zusammengefaßt wurden: Stock und Hut stehn ihm gut, ist gar wohlgemut. Aber auch das bleibt letzten Endes eine Frage der Interpretation.

DIE MARQUETTE

Bei diesem Exponat im Museum des Alltags ist die scharfe Lesebrille aufzusetzen oder es ist buchstäblich unter die Lupe zu nehmen, so bescheiden klein sind seine Ausmaße. Es entstammt einer noch gar nicht so lange vergangenen Zeit, als Bücher selbst dann, wenn sie gut verkauft wurden, nicht Bestseller hießen und der Begriff Stapelware in der Buchhandlung ein Fremdwort war.

Damals pflegte der Sortimenter dem Buch seine Marke, ein Märkchen, die Marquette einzukleben, meistens auf der vorletzten Leerseite unten. Der weithin geübte Brauch, das Verlagsprodukt sozusagen mit der Duftmarke der Sortimentsbuchhandlung zu versehen, beeinträchtigte das Buch in keiner Weise, ermöglichte es seinem späteren Inhaber aber, etwa der damit beschenkten Person, an der allgemein üblichen Stelle nachzuschauen, um zu erfahren, wo so Vorzügliches denn wohl zu haben sei.

Das Werbe- und zugleich Informationsmittel, nicht größer als drei mal einen Zentimeter, war farbig und enthielt nicht mehr als das, was eine Geschäftskarte mitteilt. Es reichte ja auch durchaus, wenn der Buchbesitzer, mal kurz ans Ende geblättert, erfuhr, wo, sagen wir mal, die „Götterlehre" von Karl Philipp Moritz zu haben sei. Bei Benedikt Enzer nämlich, Buchhandlung im Speersort, ohne Postleitzahl, denn die gab es zur Zeit der Buchmarquette noch nicht, weshalb die Post auch schneller und reibungsloser lief. Nun mag mancher Leser seine Brille absetzen oder die Lupe sinken lassen und fragen: War das nicht eigentlich ein abstruser Brauch, daß der Buchhändler, bevor er seine Ware an den Mann oder die Frau brachte, sie vorher mit einer Art eigenem Ex libris versah? Derartigem Einwand ist, bei aller ihm innewohnenden Logik, doch zu widersprechen. Tatsächlich hatte die Marquette außer dem erwähnten Informationsgehalt, der auch dem Umtausch förderlich war, den Nutzen für die Nachwelt. Denn ist es nicht rührend, heute in einem antiquarisch erworbenen Buche zu erfahren, wie ausgedehnt und grenzenlos einst die Leselust blühte, an welch entlegenen Plätzen der Sortimentsbuchhandel gedieh? Und daß es schon zu Beginn unseres Jahrhunderts einen Buchhändler namens Benedikt Enzer gab, der sein

Sinnen und Trachten auf die Förderung der Werke des Karl Philipp Moritz richtete?

Zwei Jahrhunderte lang gab es die Buch-Marquette in aller Lesewelt. Zum erstenmal ist sie Mitte des 18. Jahrhunderts nachweisbar. Seitdem sie Vergangenheit ist, wurde sie zum Objekt der international verbreiteten Sammelleidenschaft. Einem Amerikaner, Larry Dingman aus Minneapolis, natürlich ein Antiquar, gebührt der Ruhm für die erste monographische Publikation hierüber.

Irgendwann um die Mitte dieses Jahrhunderts kam der Brauch aus der Mode, Bücher mit der Buchmarke des Sortimenters zu versehen. Wahrscheinlich hatte es mit dem Umbruch im Buchhandel zu tun, der auch hier aus dem Lehrling den Azubi machte, dem die Mühsal des Einklebens der Marquette nicht mehr zuzumuten war. Ohnehin wäre das bei den in Folie eingeschweißten Büchern vergebliche Liebesmüh. Die spezielle zweigeteilte Marquette, deren unterer Teil den Ladenpreis enthielt und in der Regel beim Verkauf abgetrennt wurde, machte außerdem nur bei dem Buch Sinn, das Dauerware war. Von welchem Buch kann man das heutzutage noch sagen.

Gleichwohl hat sich die Idee, die der Buchmarquette zugrunde lag, erhalten. Sie wird seither für ganz andere Produkte genutzt: Wer sich ein Automobil kauft, nimmt es als selbstverständlich hin, daß der Händler auf dem hinteren Nummernschild Name, Anschrift und oft genug noch einen dummen Werbespruch anbringt. So weiß der Hintermann im Stau, wo er sein nächstes Auto bestimmt nicht kaufen wird.

Wo hingegen das vorzügliche Buch gekauft wurde, daß der gewappnete Autofahrer im zum Buchfach geadelten Handschuhfach bei sich führt, das sagt ihm keine oder kaum noch eine Marquette mehr. Obgleich es doch reizvoll zu erfahren wäre, wer die Leselust im Stau zwischen den Autobahn-Anschlußstellen Rosenheim und Salzburg vermittelt hat.

DER LORBEER

Der Brauch, daß kleine Mädchen sich aus Blumen einen Kranz wanden und auf den Kopf setzten, ist noch nicht lange vergangen. Das Bekränzen ist aber heute nicht mehr üblich, sieht man vom Brautkranz ab, der aber auch nicht mehr seinen alten Symbolcharakter bewahrt hat („Wir winden dir den Jungfernkranz...").

Sich dergestalt zu schmücken oder ausgezeichnet zu werden, reicht in archaische Zeiten zurück. Pan mit dem Bocksfuß und der weinselige Bacchus waren stets so geschmückt. Eine besondere Rolle als Material für die Bekränzung aber spielte seit jeher der Lorbeer.

Seit Jahrtausenden diente er dem Menschen auf zwiefache und recht unterschiedliche Weise: Getrocknet sind die lanzenförmigen Blätter bis auf den Tag ein vortreffliches Küchengewürz geblieben; auf den Lorbeer als Symbol aber hat sich mit dem zwanzigsten Jahrhundert jener Staub zu senken begonnen, der seither den klassischen Kanon des Bildungsbürgers mit einer wachsenden grauen Schicht bedeckt. Seine Allgegenwärtigkeit bei der festlichen Erhöhung des Tages und der Stunde hat er längst eingebüßt.

Bis zur Jahrhundertmitte freilich ehrte er den Maestro am Dirigentenpult. Noch früher schwand der Lorbeer als ehrende Auszeichnung für die herausragende Leistung des Athleten.

Nur das silberne Lorbeerblatt, mit dem der deutsche Bundespräsident erfolgreiche Sportler würdigt, erinnert an jene lange Tradition, in der Sieg und Ehre, Ruhm und auch Friede mit dem Lorbeer bedacht, gewürdigt, gerühmt und verherrlicht wurden.

Diese Tradition wurzelt tief in der Antike. Apollon und seiner Verehrung durch die Griechen nämlich verdankt die Auszeichnung mit dem Lorbeer für Erfolge in der Kunst sowie beim Wettkampf im Kriege und in der Sportarena ihren Ursprung, und dieser Ursprung war eine unglückliche Liebesaffäre. Da sich die Jungfrau Daphne den Annäherungen des Gottes durch Verwandlung in einen Lorbeerbaum entzog, wählte Apollon diesen zu seinem Lieblingsbaum. Fortan bekränzte sich mit dessen Zweigen der Gott mit der Leier und dem Bogen.

Das Gedächtnis der Menschen bewahrte den apollinischen Lorbeer im Ritus. Der Humanismus belebte die feierliche Bekränzung des Poeten neu. So wurde Petrarca 1341 auf dem römischen Kapitol geehrt, und auch in Deutschland entsann man sich dieser Auszeichnung: Seit dem Ende des fünfzehnten bis ins achtzehnte Jahrhundert gab es den Laureaten, den mit dem Lorbeerkranz geehrten Poeten. Hutten wurde er vom Kaiser aufs Haupt gesetzt.

Diese Tradition war halbvergessen, als sich die deutsche Klassik ihrer entsann. Schiller beschwört im Gedicht „Kassandra" das Bild der Antike: „Und geschmückt mit Lorbeerreisern, / Festlich wallet Schar auf Schar…" und „Freudlos in der Freude Fülle, / Ungesellig und allein, / Wandelte Kassandra stille / In Apollos Lorbeerhain." Auch bei Goethe werden Kränze geflochten: „Du hast mit höherm Sinn und größerem Herzen / Den zarten schlanken Lorbeer dir gewählt", heißt es gleich zu Beginn des „Torquato Tasso", und der sieht sein Schicksal in den Kranz verflochten: „So hat man mich bekränzt, um mich geschmückt / Als Opfertier vor den Altar zu führen."

Ihre Klassik hat den Deutschen den Lorbeerkranz als Symbol wieder gegenwärtig gemacht. Noch Kleist hat in ihm das Schicksal des Prinzen von Homburg geschürzt: „Vom Sieg des nächsten Tages mocht er träumen, / und einen Lorbeer hielt er in der Hand." Goethe aber drohte er: „Ich werde ihm den Kranz von der Stirne reißen!" Daß Apollons Symbol bis ins zwanzigste Jahrhundert hinein nicht nur einer dünnen Bildungsschicht vertraut war, hat der Volksmund bewiesen, indem er es konterkarierte: „Es gibt mehr Spießruten als Lorbeeren" oder „Von Lorbeeren wird man nicht satt." Wobei dabei wohl so wenig ans Küchengewürz gedacht war wie in den hintersinnigen Versen, die Heinrich Heine in „Deutschland, Ein Wintermärchen" schrieb: „Auch einen Schweinskopf trug man auf / In einer zinnernen Schüssel; / Noch immer schmückt man den Schweinen bei uns / Mit Lorbeerblättern den Rüssel."

Schließlich aber verkam der Lorbeerkranz zum reinen Dekor, das mit der ihm eingeborenen Symbolkraft nur noch wenig gemein hatte. Als Versatzstück bei vaterländischen Feiern garnierte Lorbeer, in grüne Kübel getopft, die Aula im Gymnasium. Dort und in vergleichbaren Räumlichkeiten ist er durch den Buchsbaum ersetzt worden. Dem hat sich der Volksmund anbequemt, der nicht mehr von Lorbeer spricht sondern meint: „Damit läßt sich kein Blumenpott gewinnen."

Keine Träne
wird ihm nachgeweint

DER TEPPICHKLOPFER

Daß der Teppichklopfer dem Staubsauger weichen mußte, entlockt uns keine Träne. Zu viele Tränen sind seinetwegen vergossen worden. Und das Korbmacherhandwerk, dessen durchaus kunstvoll gefertigtes Produkt er war, hätte er allein auch nicht gerettet.

Denn die Reinigung der Teppiche und Läufer, der er eigentlich diente, blieb leider nicht sein einziger Daseinszweck. Man nannte ihn auch Ausklopfer. Ausgeklopft wurde nicht nur der Staub aus den gewirkten und gewebten Bodenbelägen, die dazu über die Teppichstange in Hof und Vorgarten gehängt und mit Schlägen traktiert wurden. Ausgeklopft, das heißt: gezüchtigt wurden mit ihm strafweise auch die Kinder.

Lob und Preis: Verhallt ist das Echo, mit dem der infernalische Schall des Teppichklopfens die Großstadt schon in vorelektrischer Zeit mit Lärm versorgte und deutsche Hausfrauenreinlichkeit donnernd bezeugte. In seinem „Traktat über den Hund, Lerm und Geräusch" schrieb Kurt Tucholsky sich und einer Minderheit im Jahre 1927 den Teppichklopferverdruß

von der Seele: „Es ist Recht, Pflicht und göttliches Gebot, den Nachbarn den Teppichstaub in den Suppentopf zu schlagen; wie Kanonenschläge hallt das durch die steilen Steinhöfe."

Die Aversion gegen den Klopfer war keine Marotte des empfindsamen Tucholsky. Fast fünfzig Jahre zuvor läßt Fontane in seinem „Schach von Wuthenow" (die Erzählung spielt 1806) seinen Zweifeln am Nutzen des Gerätes freien Lauf: „…griff er zugleich doch nach einem breiten, aus Rohr geflochtenen Ausklopfer, der in einer Kaminecke stand, und versuchte damit das Sofa, das sich Schach als Lagerstätte ausgewählt hatte, wenigstens aus dem Gröbsten herauszubringen. Aber der dichte Staub, der aufstieg, zeigte nur das Vergebliche solcher Bemühungen…"

Staubsauger zwar sind bei aller beschworenen Schallisolierung auch nicht gerade leise, aber sie saugen den Staub brummend in sich und verteilen ihn nicht auf die Umwelt. Und sie können nicht als Züchtigungswaffe mißbraucht werden.

Was Waltraud Anna Mitgutsch in ihrem Roman „Die Züchtigung"

(1985) der Erzählerin in Erinnerung an die Mutter in den Mund legt, ist keine Fabel, sondern für ganze Generationen Teil ihrer Kindheit gewesen: „Ich fand den Teppichklopfer am Türrahmen der Waschküche hängen, er hing da wie ihre blaue Drillichschürze unterhalb der Bodenstiege, seit zwölf Jahren unberührt, ein Teil von zu Hause, ein Teil von mir, von meiner Kindheit, ein Teil der Lebensangst, die sie an mich weitergegeben, in mich hineingeprügelt hatte."

In seiner „Reise ans Ende der Nacht" hat Louis-Ferdinand Céline den einseitig verlaufenden Generationenkonflikt noch direkter angesprochen. „Leck mich am Arsch", sagte die Tante darauf, „Wenn du solche Sachen sagst, werde ich Dich mit dem Teppichklopfer verhauen."

Seit wann es den Teppichklopfer gab, gar wer ihn als erster konstruiert hat, ist nicht mehr festzustellen. Seine massenhafte Verbreitung dürfte er mit der Herstellung von Teppichen und Läufern als Fabrikware gefunden haben, womit wohl seine Zweckentfremdung als harmlos geltendes Prügelinstrument einherging. Die Geklopften sehen es nicht so.

Ältere Zeitgenossen werden den Schall des Tepppichklopfens noch im Ohr haben, sich noch entsinnen, wie die Traktanden zum Transport an die Teppichstangen zusammengerollt werden mußten. Der eine oder andere von ihnen wird die schmerzhafte Berührung des aus Rohr geflochtenen Ausklopfers mit dem kindlichen Hinterteil als Trauma früher Lebensjahre mit sich tragen.

Gepriesen sei also der mit Hilfe eines Gebläses in einem Filterbeutel erzeugte Unterdruck, der vom Boden Staub- und Schmutzteile über einen Schlauch von einer Staubdüse ansaugt und in einem Staubbeutel abscheidet – kurz: Der Staubsauger.

DER ABNEHMBARE KRAGEN

Durchaus möglich, daß „Babbitt", der 1922 erschienene Roman von Sinclair Lewis über den amerikanischen Geschäftsmann, als Klassiker dem Leser von heute im Detail Rätsel aufgibt. Da unterhalten sich zum Beispiel während einer Eisenbahnfahrt einige *businessmen* über die Teuerung der Konfektionspreise: „‚Hast recht, Bruder. Na, und da sind zum Beispiel Kragen –‘ ‚Hallo! Nicht so eilig!‘ warf der dicke Mann dazwischen. ‚Was habt ihr gegen Kragen? Ich verkaufe Kragen! Wißt ihr denn, daß der Arbeitslohn bei Kragen noch immer zweihundert und sieben Prozent über –‘ Sie beschlossen einmütig, wenn ihr alter Freund, der dicke Mann, Kragen verkaufte, waren eben die Preise von Kragen genau, wie sie zu sein hatten; aber alle anderen Kleidungsstücke waren zum Verzweifeln teuer."

Kragen als Kleidungsstücke?

Bis in die Vierziger Jahre hinein bildete das Herrenoberhemd keine Einheit, sondern wurde erst dazu durch Zusammenfügung mehrerer Einzelteile. Der Kragen, ein autonomer Teil mit eigenem Preis, wurde mit dem kragen- und oft manschettenlosen Rumpfhemd durch den Kragenknopf im Nacken und vor der Gurgel gebunden. Das ermöglichte einen täglichen Kragenwechsel bei gleichbleibendem Rumpfhemd. Ein anrüchiges Unternehmen, mag mancher naserümpfend denken. Aber damals hielt sich der Dreck der Umwelt, der heute den täglichen Wäschewechsel fördert, noch in Grenzen.

Kragen gab es aus Leinen und, später, aus Papier. Leinenkragen bedurften zur Wiederverwendung spezieller Pflege. Sie waren zu stärken, aber nicht zu sehr, weil sie sonst im Nacken scheuerten. Auch das Bügeln war wegen der Einlage heikel, sagt die Überlieferung.

Ob Babbitts Mitreisender Leinen- oder Papierkragen verkauft, erfahren wir nicht. Papierkragen, diese industrielle Innovation, waren Dutzendware. Sie brachten die tadellose Form vorgefertigt an den Hals und verschwanden nach Gebrauch im Kachelofen. Sofern sein Träger ihn nicht mit Hilfe eines weichen Radiergummis renovierte und erneut tragbar machte.

Kragen waren allgemein weiß, Papierkragen immer. Der weiße Kragen markierte den Klassenunterschied zwischen (Klein-)Bürger und Arbeiter. Dem Arbeiter fehlte nicht nur der weiße Kragen; das Hemd oberhalb des vorderen Kragenknopfes zeigte den nackten Hals. Im Berlin der zwanziger Jahre läßt Hans Fallada den arbeitslosen Angestellten Johannes Pinneberg „mit dem verschossenen Mantel, den schmutzigen Hosen *und ohne Kragen*" durch einen Schupo vom *Bürgersteig* verjagen. Ohne Kragen ist er sozial deklassiert: Kleiner Mann, was nun…

Auch die Manschetten führten eine Zeitlang als sogenannte Röllchen ne-

ben den Kragen am Oberhemd eine selbständige Existenz. Adrett aus dem Jackettärmel hervorlugend, dienten die aus Papier gefertigten Attrappen Angehörigen schreibender Berufe, Theaterkritikern zumal, gerne als Notizblock.

Der Zweite Weltkrieg, der so vieles zerstörte und auseinanderriß, hat die Einzelteile des Oberhemdes fest zusammengefügt. Warum es in solcher Einheit Sporthemd heißt, ist nicht ergründbar. Seinem Träger kann immerhin der Kragen nicht mehr platzen.

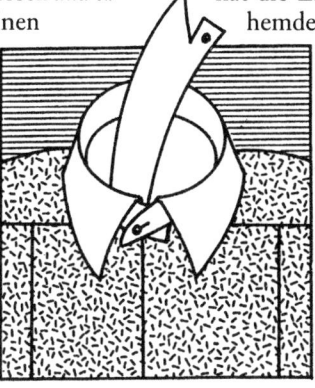

DAS AUSGESTOPFTE HAUSTIER

Ob Thomas Mann die Speisenfolge eines großbürgerlichen Festmahls der „Buddenbrooks" beschreibt oder Zurichtung und Beisetzung eines Toten im alten Ägypten – die Leser dürfen der detailgenauen Beschreibung des Vorgangs versichert sein. Im Roman „Joseph der Ernährer" erfährt man, wie der tote Jakob in eine Mumie verwandelt wird: „Dazu mußte der Leichnam bewahrt werden, bewahrt nach der Kunst Ägyptens, gepökelt und eingemacht … prunkvoll ausgestopft und verschnurrt zur Osiris-Mumie…"

Das Handwerk der Präparatoren hat sich seit seinen frühen Zeiten erhalten, aber bei toten Menschen nie wieder jene Kunstfertigkeit zuwege gebracht, die Thomas Mann in seinen Joseph-Romanen mehrfach exakt beschreibt. Die Konservierung der Abgeschiedenen, auch von heiligen Tieren, hatte im alten Ägypten religiöse Gründe. Mit ihnen ist offenbar auch die Kunst der dauerhaften Balsamierung toter Menschen abhanden gekommen, die in diesem Jahrhundert zu erneuern versucht wurde – für die Heroen des Kommunismus von Lenin bis Mao Zedong. Das war merkwürdig genug für eine Ideologie, die Säkularisierung zu ihrem Grundgesetz gemacht hatte. Mit dem Kommunismus schwand endgültig der Brauch der Einbalsamierung. Zur alten Perfektion war er ohnehin nie gediehen.

Tiere werden aber nach wie vor präpariert, zu wissenschaftlichen Zwecken und als Trophäen der Jäger. Kaum jemand fällt das ausgestopfte Birkhuhn über dem Stammtisch im Jägerstübchen einer Kneipe als Anruf aus archaischer Zeit auf.

Verschwunden hingegen ist jener häusliche Zimmerschmuck, an den sich ältere Zeitgenossen aus ihren Kindertagen erinnern, wenn sie einer alten Tante einen Besuch machten. Mit einer Mischung aus Neugier und Gruseln fiel der Blick auf einen präparierten Hausgenossen, der zu seinen Lebzeiten der Tante so lieb und wert gewesen war, daß sie auch nach seinem Tode seinen Anblick nicht missen mochte. Ausgestopfte Haustiere haben die Jahrhundertwende mit Hilfe der Mottenkugel überdauert. Im ausgehenden neunzehnten Jahrhundert hatten sie in mancher guten Stube ihren festen Platz. Auch darüber gibt uns die Literatur Auskunft. In Gustave Flauberts Erzählung „Ein schlichtes Leben" gewinnt der Papagei Lulu über sein Ende hinaus für das Leben der Magd Félicité schicksalhafte Bedeutung: „Endlich kam er an – und prächtig, aufrecht auf einem Baumast sitzend, der in einem Sockel aus Mahagoni steckte, ein Bein in der Luft, den Kopf schräg und eine Nuß knackend, welche der Ausstopfer aus Liebe zu Grandiosem vergoldet hatte." Der ausgestopfte Lulu macht, obwohl schon stark ramponiert, der Magd Félicité noch das Sterben leicht.

Auch Vierbeiner mußten nach ihrem Tode ein Scheinleben zum Trost ihrer Besitzerin führen. Solch posthumes Schicksal widerfährt einem Hunde, offenbar Mops, mit dem Namen Schnick, als „Strafe der Faulheit" in der Bildergeschichte von Wilhelm Busch: „Das Fräulein Ammer kost allhier / Mit Schnick, dem allerliebsten Tier, / Sie füttert ihn, soviel er mag, / Mit Zuckerbrot den ganzen Tag. / Und nachts liegt er sogar im Bett,– / Da

wird er freilich dick und fett." Und läßt sich daher auch vom Brezen eines Hundefängers verlocken: „Den schlacht' ich! spricht der böse Mann, / Weil er so fett und gar nichts kann. / Das Fräulein naht und jammert laut, / Es ist zu spät: da liegt die Haut. / Zwei Gülden zahlt sie in der Stille / Für Schnickens letzte Außenhülle, / Hier steht der ausgestopfte Schnick. / Wer dick und faul, hat selten Glück." Einen kausalen Zusammenhang zwischen dem Aussterben des Hundefängers und seines Lieblingsbratens und dem Ende des Brauchs, Artgenossen von Fräulein Ammers Schnick ausgestopft auf die Wohnzimmer-Kredenz zu postieren, vermögen wir ebenso wenig zu konstatieren wie die Behauptung, daß es den ausgestopften Bären, der im Entree des Hauses Buddenbrook die Schale für Visitenkarten präsentierte, nur deshalb nicht mehr gibt, weil seine Raumverdrängung gegenwärtige Behausungen sprengen würde.

Diese Form der Liebe zum Tier über seinen Tod hinaus ist einfach passé, worüber wir nicht einmal andeutungsweise bekümmert sein können.

RITUALE
DER VISITENKARTE

Abends fischt man die kleinen Karten aus der Brusttasche der Anzugjacke wieder zutage, und in den meisten Fällen kann man mit ihnen dann nichts mehr anfangen: Sie enthalten die Namen fremder Menschen, denen man bei einem Empfang im small talk begegnete und die einem das Kärtchen (mit Titel, Stellung und Adresse) beim Auseinandergehen überreicht haben, woraufhin man im Gegenzuge und weil es so erwartet wird, die eigene Karte übergeben hat. Wozu? In den allermeisten Fällen: Um einem Ritual zu genügen, das sich, zumal unter Amerikanern und Japanern, großer Beliebtheit erfreut.

Das Kärtchen war einst ein wichtiges Rädchen im Kommunikationsbetrieb der Gesellschaft. Sein Name – Visitenkarte – verrät seine ursprüngliche Bedeutung.

Das war, als man sich in einer geschlossenen Gesellschaftsschicht bewegte, in der man sich „in Gesellschaft" empfand, eine Zeit, die nicht abrupt endete, sondern mit den dreißiger Jahren des zwanzigsten Jahrhunderts verfloß. Auf ihrem Höhepunkt war, wenn die strengen Regeln beachtet wurden,

die Visitenkarte die vollgültige Vertretung eines wirklichen Besuches.

Als wichtige Handhabe im gesellschaftlichen Verkehr, die zur Hauptsache werden konnte, konnte die Visitenkarte auf eine würdige Geschichte zurückblicken. Im alten China soll sie bereits gang und gäbe gewesen sein. In Frankreich wird sie auf das siebzehnte, in Deutschland auf das späte achtzehnte Jahrhundert zurückgeführt.

Die Regeln für ihre Gestaltung und Gebrauch waren schließlich so kompliziert geworden, daß es zu ihrer Beherrschung umfänglicher Kenntnisse bedurfte. Sie sind kaum noch rekonstruierbar. „Ein junger Graf, nebenbei Assessor, wird diesen letzteren Titel nur da auf seine Karten setzen, wo er muß. Dagegen wird ein Herr Meier, der Leutnant ist, die Bezeichnung seines Ranges nicht leicht fortlassen", heißt es in einem Ratgeber aus wilhelminischer Zeit. Und daß die verheiratete Agathe Schmidt sich auf den kleinen Stückchen holzfreien Papiers (denn auch Damen durften Visitenkarten führen) sich nicht als solche präsentierte, sondern als Frau Ludwig Schmidt, verstand sich in jener Zeit offenbar von selbst.

Nicht weniger vertrackt war der Gebrauch der Karten, der sich zu gesellschaftlicher Virtuosität zu steigern vermochte. Zu Zeiten war die Rückseite in den vier Ecken mit den Buchstaben p.r.v., p.f., p.p.c. und p.c. gekennzeichnet. Je nach Absicht des Besuches wurde die betreffende Ecke zur Vorderseite mit dem Namen umgebogen, so daß der Empfänger wußte, was der Besucher wollte: p.r.v. (pour rendre visite) – um einen Besuch abzustatten; p.f. (pour féliciter) – um Glück zu wünschen; p.p.c. (pour prendre congé) – um sich zu verabschieden; p.c. (pour condoler) – um Beileid zu bezeugen. Man durfte sich dabei natürlich ebenso wenig irren wie bei der handschriftlichen Anbringung dieser Abkürzungen, die den nämlichen Zweck erfüllten. Am Hause des Empfängers abgegeben oder mit der Post übersandt, ersparte solche Karte den persönlichen Besuch, wurde aber wie ein solcher gewertet. Eine rationelle, wenn auch blutarme Methode des menschlichen Verkehrs.

Die Kartenbiegerei war zeitweilig hoch im Schwange und hat sich lange gehalten, war ohne entsprechenden Zusatz aber intrikat. Doch jeder wußte, was gemeint war, wenn die linke Seite zur Vorderseite hin eingeknickt war (wollte eigentlich einen Besuch abstatten) oder der rechte Rand zur Rückseite (mein Beileid).

Der Gebrauch der Visitenkarte, ihr „Abwerfen", nämlich die Hinterlegung in einer Visitenkartenschale als kommunikative Ersatzhandlung, alles das steigerte sich schließlich zu einem protokollarischen Raffinement, dessen Details sich nicht mehr entschlüsseln, geschweige denn in Zusammenhang mit der simplen Geschäftskarte unserer Tage bringen lassen. Ein Beispiel dafür findet sich in Marcel Prousts Werk „Auf der Suche nach der verlorenen Zeit" (das mehr als die berühmte in den Tee getauchte Madeleine oder das „Cattleya spielen" enthält): „ – Ich habe auch vergessen, Frau Herzogin zu sagen, daß die Frau Gräfin Molé heute morgen ihre Karte für Frau Herzogin dagelassen hat. – Wie? heute morgen? fragte die Herzogin mit unzufriedener Miene, wohl auch, weil sie fand, daß eine so junge Person sich nicht erlauben dürfe, ihre Karte am Vormittag abzugeben." Die Herzogin übt dafür, wie in „Die Welt der Guermantes" nachzulesen, standesgemäß kühle Vergeltung.

Was hat der Visitenkarte als Kommunikationsmittel den Garaus gemacht? Das Ende der ständischen Gesellschaft. Aber auch der Einbruch neuer Verständigungsmittel zwischen den Menschen durch die Technik. Das Informelle ersetzte die erstarrte Form und schuf neue Konventionen. Mit dem Telephon zum Beispiel. Heute faxen wir uns an.

DAS MONOKEL

Manches dauert über seine Zeit hinaus noch eine Weile, bevor es endgültig seinen Dienst beendet. Das Monokel als sein typisches Zubehör hat an das Fin de siècle noch erinnert, bevor es 1945 dem Auge eines deutschen Generals entglitt und damit der Geschichte des Einglases den Schlußpunkt setzte.

Das Monokel (französisch aus dem lateinischen monoculus, einäugig), diese Korrekturlinse für ein Auge, war eigentlich ein mühseliger Sehbehelf, denn sie war auf die Muskulatur der Augenlider angewiesen, die sie zu halten hatte. Allenfalls ein Band, das aber in der Regel verschmäht wurde, vermochte das Glas vor dem freien Fall und seinen Folgen zu bewahren. Um den Halt des Monokels zu sichern, mußte das Gesicht sozusagen strammstehen. Das mag zum Eindruck der Arroganz bei seinen Trägern geführt oder beigetragen haben. Andererseits eignete der Physiognomie mit einem so bewehrten Auge der Anschein von Schneidigkeit. Das paßte zu den Typen der Monokelträger, ob sie dem militärischen Stande angehörten oder der zivilen Variante des Kavaliers auch ohne den Reserveoffizier auf der Visitenkarte.

Schon für die sechziger Jahre des neunzehnten Jahrhunderts ist der „Scherben" im Augen, wie das Einglas im Jargon des Kasinowitzes auch hieß, im Erscheinungsbild des Leutnants nachweisbar. Und da blieb es für lange: Wohl einer der Gründe, warum es sich auch danach bei höheren Militärrängen hielt, denen es eben lebenslang verbunden blieb, auch nachdem es praktischere Sehhilfen gab.

Das Monokel wurde schließlich zum Kennzeichen des Militarismus. Man findet es im Auge von Erich von Stroheim in der Filmrolle des preußischen Offiziers als Überbleibsel des Wilhelminismus ebenso wie in den Bildern von George Grosz aus den Jahren der Weimarer Republik.

In jenen Jahren mochte aber auch der höchst zivile Kavalier vom Typ Operettentenor auf das Glas nicht verzichten, womit sich ein gewisser Talmi-Effekt verband, die zivile Form der Schneidigkeit im Umgang mit der Damenwelt sozusagen.

Ältere Vertreter dieses Fachs sicherten sich gegen das Ungemach, das aus einer erschlafften Gesichtsmuskulatur erwuchs, durch das schwarzseidene Sicherheitsband, das einen Knopf an der Weste mit dem Monokel verband. So konnte es nicht in den Suppenteller fallen.

Der Typus des Monokelträgers, symbolisch für Vertreter einer Gesellschaftsschicht wilhelminischer Prägung, ist in „Tschitrakarna, das vornehme Kamel", einer 1913 erschienen Satire in „Des deutschen Spießers Wunderhorn" von Gustav Meyrink, vortrefflich geschildert: „Das Kamel machte wirklich einen überwältigenden Eindruck. Es trug den Schnurrbart mit den Spitzen nach abwärts nach der neuesten mongolischen Barttracht ,Es ist mißlungen' und ein Monokel – ohne Band natürlich – im linken Auge."

Wie der Kneifer oder Klemmer, der in seinen Ursprüngen den vornehmen Namen Pincenez führte, oder das Lorgnon, die Brille oder auch das Einglas am Stiel, ist das Monokel verschwunden, vor dem Auge, aus dem Auge. Anders aber als andere aus der Mode geratene Sehhilfen war das Monokel Symbol einer Gesellschaftsschicht in ihrer Zeit.

Wie sie ist es hinter dem Horizont entschwunden, den die Erinnerung markiert.

DIE HUTKLAMMER

Die Spuren der Hutklammer verlieren sich im ersten Jahrzehnt nach dem Zweiten Weltkrieg so gründlich, daß manche sich das patente Ding und seine Funktion gar nicht mehr vorstellen können. Die Hutklammer wäre wohl endgültig im Meer des Vergessens versunken, hätte sie nicht die Literatur davor bewahrt.

Wann begann ihre unauffällige Erfolgsgeschichte? Bald nach dem Ersten Weltkrieg scheint die Hutklammer landauf, landab verbreitet gewesen zu sein. „Sein Hut hängt an einer Metall-Klammer am linken Rockaufschlag", heißt es von Herrn Schneider bei seinem Vertreterbesuch im Dorfe (in Erwin Strittmatters Trilogie „Der Laden"), „er kann seinen Hut nicht auf Bratheringsdosen oder Käsekistchen ablegen."

Herrn Schneiders Hutklammer wird seit langem so verrostet sein wie jenes Buch vergilbt, das die Hutklammer noch einmal kurz nach dem Zweiten Weltkrieg als existent bezeugt und eine offenbar typisch deutsche Einrichtung dokumentiert. Georg Mikes, der ungarische Engländer oder englische Ungar zeigt sich in seinem 1953 in London erschienen Buch „Über alles. Germany explored" von der Hutklammer so fasziniert, daß er sie zur Schlußpointe seiner Aufzeichnung macht:

„Als ich durch die Straßen Aachens fuhr, bemerkte ich einen Herrn, der seinen Hut am oberen Teil seines Wamses befestigt hatte. Das entzückte mich so sehr, daß ich meinen Wagen anhielt, ein kleines Restaurant betrat, dort eine Wurst und ein Bier bestellte und den Wirt, nachdem ich mit ihm über einige neutrale Dinge geplaudert hatte, fragte, ob das Tragen des Hutes am Wams wohl eine individuelle Erfindung sei oder allgemeiner Brauch. Er versicherte mir, das sei durchaus üblich. ‚Es ist sehr praktisch', erklärte er. ‚Wenn man den Hut braucht, setzt man ihn auf. Wenn man seiner nicht bedarf, ist er keine Bürde, denn man muß ihn dann nicht aufsetzen.' ‚Ich verstehe', sagte ich. ‚Man entledigt sich seiner, ohne daß man ihn wirklich los ist. Und man setzt ihn auf, wenn man respektabel erscheinen möchte.' ‚So ist es', stimmte er zu. Er sah, daß ich darüber nachsann und fragte mich: ‚Irgend etwas falsch daran?' ‚Nichts falsch', erwiderte ich. ‚Überhaupt nichts falsch. Aber tun Sie dasselbe bitte nicht mit Ihren Hosen.' ‚Mit unseren Hosen?' fragte er und ich entdeckte ein bißchen Überraschung in seiner Stimme. ‚Wiederholen Sie das nicht mit Ihren Hosen.' Er sah mich an, als sei ich blöd. Aber das war ich nicht. Ich lieferte damit nur meine dritte Botschaft, das deutsche Problem betreffend."

Man darf raten, ob dieser Kommentar zur deutschen Hutklammer mehr dem Geist der englischen oder der ungarischen Satire zuzuschreiben ist. Uns dient er, das Ding aus den untersten Schichten unseres Gedächtnisses heraufzubeschwören.

Denn realiter existiert die Klammer nicht mehr, wird trotz des Nutzens, der Mikes inspiriert hat, nicht mehr verwendet. Den Garaus hat ihr der Wandel im Erscheinungsbild des Bürgers bereitet, den der neue Wohlstand bewirkte. Der Hut wurde auf dem Kopfe getragen und allenfalls zum Gruße gelüftet oder man ließ ihn zu Haus im Schrank. Man mußte ihn nicht mehr ständig mit sich führen. Die Hutklammer bildete sozusagen einen Zustand zwischen diesen beiden Möglichkeiten des korrekten und laxen Verhaltens. Heute spräche man von der dritten Option für den Hut, die die Klammer bot.

Manche Gegenstände, so lehrt uns auch der Fall der Hutklammer, sind zu praktisch, um überdauern zu können. Zumal die Warnung von George Mikes, diese Vorrichtung zweckentfremdet zu nutzen, offenbar gefruchtet hat. Bei seinen englischen Lesern ist sie, soviel wir wissen, so oder so nie heimisch geworden.

DIE LOCKE IM AMULETT

Wenn es unter unseren Urahnen schon zur Würmeiszeit so etwas wie faustische Neigungen gegeben haben sollte, wäre wohl vorstellbar, wie ein derart begabter Homo neanderthalensis mit Blick auf eine junge Neandertalerin seinem Gefährten abfordert: „Schaff mir ein Halstuch von ihrer Brust, ein Strumpfband meiner Liebeslust!" Aber da es Fetische so gehobener Machart zu jener Zeit noch nicht gab, dürften sich die Neandertaler mit dem Haar begnügt haben, das seit erdenklichen Vorzeiten begehrt war, um sich des Mitmenschen versichert zu halten. Die Rede soll hier aber nicht von extremen Beispielen sein, den Indianern etwa, die mit dem Skalp gleich Haut und Haar zusammen entfernten. Oder von Delila, die ihren haarigen Wuschelkopf Samson zum Skinhead machte, um ihn seiner Kraft zu berauben. Philiströse haarige Geschichten.

Zum Kern der Sache denn also: Die Locke respektive das Haarbüschel, wenn es der Kräuselung entbehrte. Als Liebes-, Treue- oder Zuneigungs- und Verehrungspfand wie als subtiler Fetisch hat sie, wohl verwahrt im Medaillon auf der Brust zu tragen, eine große Zeit gehabt, die bis ins gegenwärtige Jahrhundert dauerte. Es finden sich derart gefüllte Schmuckstücke noch in vielen privaten Schatullen und Antiquitäten-Läden. Auf der Brust getragen findet man sie aber kaum noch. Und schon gar nicht bringen sie den Schlag des Herzens auf flottere Frequenz. In der Blütezeit der Medaillonlocke, dem empfindsamen bürgerlichen Zeitalter, pochte das durch sie liebesentzündete Herz den basso continuo der Romanliteratur.

Deren berühmte Autoren wurden ihrerseits sowohl um eigenes Haar gebeten (Fetisch!) als auch mit Haar ihrer Verehrerinnen bedacht (erotische Sublimierung?). Dessen Fülle war nun allerdings nicht in Medaillons unterzubringen, konnte aber auch anderweitig verarbeitet werden. Jean Paul, der in Berlin wahre Triumphe feiern konnte, wußte davon ein Lied zu singen: „Viele Haare erbeutete ich (eine ganze Uhrkette von 3 Schwestern-Haaren) und viele gab mein eigner Scheitel her, so daß ich ebenso wohl von dem leben wollte – wenn ich's verhandelte –, was auf meiner Hirnschale wächst, als was unter ihr."

Es soll, als die Haarschenkerei im 19. Jahrhundert ihren Höhepunkt erreichte, einen prominenten Autor gegeben haben, der den zahlreichen Anforderungen nach einer Lockenspende nur dadurch zu begegnen wußte, daß er seines treuen Pudels unerschöpfliches gelocktes Fell benutzte, um die Kundschaft nicht zu enttäuschen – und um die eigenen raren Bestände zu schonen.

Die Aufbewahrung von Haar anderer Menschen, um daran Verehrung, Anbetung, Liebes-glut oder Erinnerung zu knüpfen, hat zu schönen Erzeugnissen der Goldschmiede- und Emaillierkunst geführt, befremdet heutzutage aber ähnlich wie die Aufbewahrung kindlicher Milchzähne. Aber läppischer als die Autogrammkarten, die heute den Fernsehschaffenden abverlangt und gern versendet werden, waren sie auch nicht. Die Locke war doch immerhin etwas Persönliches, ein Stück vom begehrten Menschen. Oder doch wenigstens seinem geliebten Pudel.

DER SONNENSCHIRM

Der Sonnenschirm, von dem hier die Rede sein soll, war nicht nur Schattenspender, wie sein gleichnamiger Vetter von heute, der eine ganze Tischrunde überspannt. Der Parasol, wie wir ihn zur Unterscheidung nennen wollen, schützte zwar auch vor Sonne, aber individuell, und war zu seiner Zeit auch ein Stück damenhafter Eleganz, das, virtuos gehandhabt, Zeichen zarter Gefühle zu setzen wußte. Dieser Sonnenschirm besaß eine stattliche internationale Geschichte. In China und Japan, in Indien, Persien und Ägypten brachte er es neben seiner eigentlichen Funktion sogar zum Herrschaftssymbol. Ganz soweit gedieh er hierzulande nicht.

Immerhin: In seinem Erinnerungsbuch „Potsdamer Tage" erzählt Heinz Werner Hübner von einer Großtante, einst Hofdame, die in einem ihrer Zimmer eine Sammlung von Sonnenschirmen besitzt. Ein Besuch bei ihr gerät zur originellen Geschichtsstunde, als die alte Dame die Historie der Stücke erläutert. Da waren Sonnenschirme schon aus der Mode gekommen, wie Hübner schreibt: „Selten einmal sah man an heißen Sommertagen eine alte Dame, die, begleitet von ihrer Zofe, sich mit einem solchen Gegenstand aus vergangenen Tagen vor den Sonnenstrahlen schützte. Die Farbe der Zeit war Braun, und im Sommer sollte es auch die Haut sein."

Das war im Jahr vor dem Beginn des Zweiten Weltkrieges. Ihn hat auch der Sonnenschirm in seinen letzten Exemplaren nicht überdauert. In Mitteleuropa war er bis zum Schluß klassegebunden geblieben. Denn jahrhundertelang war der soziale Status der Frau an ihrer Gesichtsfarbe ablesbar gewesen. Sie verriet, ob sich die Frau Luft und Sonne aussetzen mußte, weil die Arbeit im Freien das erforderte oder ob Salon und Sonnenschirm dem Gesicht die natürliche Hautfarbe erhielten. Man nannte das vornehme Blässe.

„Sie hatte ihren großen Strohhut aufgesetzt und ihren Sonnenschirm aufgespannt, denn es herrschte, obgleich ein kleiner Seewind ging, heftige Hitze": Vor der suchte die junge Toni Buddenbrook in Travemünde selbstverständlich Schutz. Thomas Mann hat die großbürgerlichen Usancen in der Mitte des neunzehnten Jahrhunderts getreulich in seinem Roman rekonstruiert.

Der Sonnenschirm galt dem Regenschirm gleichberechtigt, solange das, was der Himmel auf die Köpfe der Menschen herabbeschwor, von ihnen als gleich lästig empfunden wurde, ob das nun ein Regenschauer oder gleißende Sonnenhitze war. Als die Sonnenanbetung im neuen Jahrhundert von der Reformbewegung unter der Parole „Licht, Luft und Sonne braucht der Mensch" zum allgemein anerkannten Ritual wurde, diente der Schirm nur noch als Schutz gegen den Regen, war aber als Schutz gegen den Sonnenbrand ausgemustert. Fortan lernte die Epidermis, Blasen zu werfen.

Die Verbreitung des Sonnenschirms in jenen Kreisen, die ihn sich erlauben konnten, mußte indes noch andere Ursachen gehabt haben, als sich die natürliche Hautfarbe zu erhalten oder sich vor unerträglicher Hitze zu schützen. Der Instinkt ging der Erkenntnis voraus, daß unser lebensspendendes Zentralgestirn auch abträgliche Wirkungen wie geschrumpelte Haut oder Schlimmeres bewirkt. Ozonwarnungen im Radio lagen noch in ferner Zukunft. Daß der Sonnen-

schirm eine höchst vernünftige Einrichtung war, sollte sich erst erweisen, als es ihn nicht mehr gab und die Hautbräunung als Ausweis für den gelungenen Urlaub galt, als man seine verbrannte Hülle offen zu Markte zu tragen sich angewöhnt hatte.

Schon 1842, als der Parasol gang und gäbe war, mußte sich die ihm zugrundeliegende praktische Vernunft bübischer Attacken erwehren, wie im „Struwwelpeter" des Arztes Heinrich Hoffmann nachzulesen ist: „Es ging spazieren vor dem Tor / ein kohlpechrabenschwarzer Mohr. / Die Sonne schien ihm aufs Gehirn / da nahm er seinen Sonnenschirm" heißt es in der „Geschichte von den schwarzen Buben". Eine durch und durch vernünftige Handlung; aber jedermann weiß, wie böse Buben auf die Andersartigkeit ihres schwarzen Spielkameraden reagierten. Weil es die Moral gebot, wurden sie dafür gehörig eingeschwärzt.

Dem Sonnenschirm aber hat diese Moral des immergrünen Struwwelpeter-Buches doch nicht zu unbeschränkter Existenz verhelfen können. Das Ozonloch jedoch könnte dem Parasol zur Renaissance gedeihen.

DIE KOCHKISTE

Weil Sparsamkeit eine aus der Not geborene Tugend und Not ein Grundakkord der menschlichen Existenz seit undenklichen Zeiten ist, hat das der Kochkiste zugrunde liegende Prinzip vermutlich eine sehr lange Geschichte. Die Eintragung in Meyers Großem Taschen-Lexikon begnügt sich denn auch mit der kargen Beschreibung der Kochkiste und ihrer Funktion: „Kochkiste, mit wärmeisolierenden Stoffen ausgekleideter Behälter, in dem angekochte Speisen in Kochtöpfen fertiggegart werden."

Weil Kochkisten selbst in unserem technischen Jahrhundert, das sie auf ihren Höhepunkt führte, in der Mehrzahl im Eigenbau entstanden, funktionierten sie nicht immer so, wie sie sollten. Ein derartiges Exemplar hat denn auch auf die „Kindheit in Ostpreußen" von Marion Gräfin Dönhoff durch seine kläglichen Ergebnisse einen Schatten geworfen:

„Daß ich fast immer zu spät kam, lag an der Kochkiste, die, wie ich vermutete, auf eine Erfindung von Edith Zedlitz zurückging. Die Kiste konnte angeblich Brennstoff sparen, weil sie innen dick ausgepolstert

war. Man stellte abends den kurz angekochten Brei, meist Graupen oder Grütze, hinein und holte ihn am nächsten Morgen angeblich gar gekocht wieder heraus. Von gar war natürlich keine Rede. Die dicken Graupen waren roh und ekelten mich so, daß ich nicht imstande war, sie herunterzuschlucken. Das führte zu ewig langen Sitzungen am Frühstückstisch und mithin zu permanenter Verspätung in der Schule."

Die kindliche Schuldzuweisung an das ungeliebte Fräulein von Zedlitz (sie „war – wohl inspiriert durch den Krieg – auf äußerste Sparsamkeit bedacht") verkennt sowohl die Urheberschaft als auch den Nutzen der (funktionierenden) Kochkiste. Tatsächlich hat das ungefüge Küchenmöbel so manche Mahlzeit über kriegsbedingte Strom- und Gassperren oder mangelndes Heizmaterial für den Küchenherd hinweggerettet.

War keine Kochkiste vorhanden, wußte sich der Mangel auch noch anders zu behelfen: mit dem Federbett. Als Mittel der Energieeinsparung war es nicht nur zum Fertiggaren geeignet, wie der Knopp-Trilogie von Wilhelm Busch („Abenteuer eines Junggesellen") zu entnehmen ist: „Jetzt eröffnet er das Bette / Der Familienlagerstätte. / In dem Bette, warm und schön, / Sieht man eine Schale stehn. / Nämlich dieses weiß ein jeder: / Wärmehaltig ist die Feder. / Hat man nun das Mittagessen / Nicht zu knappe zugemessen, / Und gesetzt den Fall, es wären / Von den Bohnen oder Möhren, / Oder, meinetwegen, Rüben / Ziemlich viel zurückgeblieben, / Dann so ist das allerbeste, / Daß man diese guten Reste / Aufbewahrt in einem Hafen, / Wo die guten Eltern schlafen, / Weil man, wenn der Abend naht, / Dann sogleich was Warmes hat. / Diese praktische Methode / Ist auch Plünnens ihre Mode.“

Doch war das Federbett als Herdfiliale keine exklusive Einrichtung des Küsters Plünne. Not verdrängt manchen ästhetischen Einwand. Und so hat es denn beklagenswerte Zeiten in unserem Jahrhundert gegeben, da die wärmehal-tige Feder so manche Mahlzeit fertiggegart oder warmgehalten und als erfreulichen Nebeneffekt zur Schlafenszeit für ein molliges Bett in der Kälte eines ungeheizten Zimmers gesorgt hat.

Das Federbett hat, so ist zu hoffen, in dieser Funktion ein- für allemal ausgedient. Aber auch die Kochkiste?

Seit ihrer Blütezeit ist Energie wieder zu einem kostbaren Gut geworden, das sparsamen Umgang erheischt. Es überrascht daher nicht, von einer Thermobox zu lesen, die – „der Kochkiste aus Omas Zeiten abgeschaut ist“ und in der energie- und zeitsparend Speisen schonend gegart werden können: „Sie eignen sich deshalb hervorragend zur Zubereitung von Vollwertkost.“

Waren Graupen nicht auch schon Vollwertkost? Durchaus möglich, daß die Metamorphose zur schicken Thermobox dem Notmöbel Kochkiste zu einer Renaissance verhilft.

SICHEL UND SENSE

Noch in den Schullese-
büchern der Generation,
die sich sachte dem Rent-
nerdasein nähert, spannte der Bau-
er im Märzen sein Rößlein an und
schnitt das Getreide von Hand, obgleich die Sense als Erntemesser
schon vor einem halben Jahrhundert allenfalls noch in der Maschine
wenig zugänglichen Gegend und
vom unbegüterten Landmann ein-
gesetzt wurde. Heute ist man vom
Gebrauch der Sense weitgehend ab-
gekommen. Dann und wann sieht
man an der Landstraße wohl noch
einen Straßenarbeiter im Graben
mit dem gefährlichen Gerät hantie-
ren. Aber wer assoziiert bei solchem
Anblick noch den Sensenmann,
Freund Hein, jenen Schnitter, der
jahrhundertelang den Tod symbolisierte und als Skelett den Totentanz
anführte, der die Menschen unge-
achtet ihrer zeitlichen Würden im
Tode gleich macht?

Noch älter als die Sense und ihre Vorläuferin, noch mehr als sie
unserem Alltag entschwunden, ist
die Sichel. Intensiv genutzt wurde
sie hierzulande zuletzt in den noch
nicht lange zurückliegenden Man-
geljahren, freilich nicht zur Ge-
treideernte, sondern zum Schneiden des Futters für das Kaninchen,
auf daß ihm nichts ermangele, um
hübsch fett zu werden und so dem
mageren Küchenzettel aufzuhelfen
(wobei gelegentlich auch eine Fin-
gerkuppe mit abfiel).

Die Sichel war damit sozusagen
auf den Hund oder richtiger auf
den Stallhasen gekommen, aber
diente immerhin noch ihrem angestammten Zweck, nämlich zu
schneiden. Lange, sehr lange zuvor
hatte die Sichel gedient, um Gras
und Getreide einzubringen, ein
mühsames Geschäft, wie sich denken läßt. Dieses Erntegerät, beste-
hend aus einem sich vorn verjün-
genden und konkav gekrümmten
scharfen Messer (einer Stahlklinge,
seitdem es Stahl gab), das durch einen Dorn mit dem Holzgriff verbunden ist, erforderte den gekrümmten Rücken und viel Aus-
dauer für das Ergebnis, die Ernte
nämlich.

Die Sichel, das älteste Erntemesser überhaupt und in der Dritten
Welt unverändert im Gebrauch,
gab es schon in der Jungsteinzeit, als
man mit dem Anbau von Kultur-
pflanzen begann, also vor rund
zehntausend Jahren. Ein würdiges
Alter. Der Mythos gar schreibt ihm

noch einige Äonen mehr zu. Kronos, so heißt es in der griechischen Mythologie, habe seinen eigenen Vater Uranos (den Großvater von Zeus) mit einer scharfzahnigen, also mit Sägeschliff versehenen Sichel entmannt!

Sichel wie später auch die Sense, dienten offenbar schon immer einem doppelten, zweischneidigen Zweck, waren, wie sich die Militärexperten heute ausdrücken, *dual-purpose*-Waffen. In den Bauernkriegen etwa blieb der Landbevölkerung gar nichts anderes übrig, als ihre Erntewerkzeuge dem angestammten Zweck zu entfremden, um sich ihrer Haut zu wehren. Militärische Bedeutung hatte die Sichel metaphorisch noch im Zweiten Weltkrieg, als ein deutscher Angriffsplan „Sichelschnitt" benannt wurde.

Solange Sense und Sichel noch allgemein gebrauchte Alltagswerkzeuge waren, blieb auch ihre bildliche und sprachliche Symbolik jedermann vertraut. Das galt zumal für die Sichel, die bis in unsere Tage auf den Fahnentüchern der kommunistischen Staatenwelt zu sehen war. Heute ist absehbar, daß sich kaum noch jemand einen Reim darauf machen kann oder auf einen Schnitter, der Tod heißt.

SIEGELLACK
UND PETSCHAFT

Brief und Siegel darauf: So pflegt man noch immer die Wahrhaftigkeit eines Vorgangs oder einer Sache zu bekräftigen. Eine derartige Bekundung ist natürlich längst nicht mehr wörtlich zu nehmen. Niemand, der sie im Gespräch erfährt, wird im Ernst ihre schriftliche Form, gar be- oder gesiegelt, erwarten. Das Siegel ist sprichwörtlich geworden.

Was nicht bedeutet, daß es das Siegel, das Be- und Versiegeln, nicht mehr gäbe. Aber längst ist es dem Alltag entrückt und in jene Sphäre zurückgekehrt, in der es seit den frühen Hochkulturen der Menschheit bekannt ist. In Staatskanzleien (und Notariaten) dient es unverändert als Beglaubigungs- und Erkennungszeichen oder Verschluß bedeutender Schriftstücke zum Schutz gegen unbefugte Kenntnisnahme oder Verfälschung des Inhalts.

Lange Zeit aber war das Siegel, das sich vom lateinischen Sigillum herleitet, auch dem Alltag zugehörig, in dem der Vorgang des Versiegelns für einen ganz eigenen Dunstkreis sorgte: „Aber war man dann durch das Kontor mit seinem durchdringenden Qualm von Sie-

gellack bis in den Gang hinausgelangt, der die Grenzscheide zwischen dem Geschäft und der Familie bildete, so wurde man von dem hier herrschenden Duft von Damenputz auf die milde Blumenluft der Stuben vorbereitet." – So beschreibt Jens Peter Jacobsen 1880 in seinem Roman „Niels Lyhne" die Atmosphäre in einem ländlichen Bürgerhause Dänemarks.

Der durchdringende Qualm bildete sich aus den durch Erwärmung freigesetzten Bestandteilen des Siegellacks: Schellack, Kolophonium, Terpentin und – meist rotem – Farbstoff. Der schmelzende Siegellack erreicht beträchtliche Hitzegrade. Der Umgang mit ihm hatte somit seine Tücken. Fast selbstverständlich, daß sich Wilhelm Busch auch ihrer angenommen hat, nämlich in jener Szene, als die fromme Helene über einem heimlich geschriebenen Liebesbrief ertappt wird: „Jetzt Siegellack! – Doch weh! alsbald / Ruft Onkel Nolte donnernd: ‚Halt!'/ Und an Helenens Nase stracks / Klebt das erhitzte Siegelwachs."

Auch der junge Thomas Mann hatte tagelang Brandblasen an den Händen, weil er es beim Versiegeln des Pakets mit dem einzigen Manuskript seines Erstlings „Buddenbrooks" an den Verleger Samuel Fischer an Vorsicht fehlen ließ.

Der Vorgang war damals derselbe wie heute: Das geschmolzene Siegellack nimmt die Prägung durch den Siegelstock (Petschaft oder Siegelring) auf, und die erkaltete Masse zeigt dauerhaft das fertige Siegel.

Der allgemein gewordene Brauch des Siegelns läßt sich an der zeitweiligen Verbreitung von Petschaft und Siegelring ablesen, weit über die althergebrachte Verwendung hinaus.

Das Petschaft (die Bezeichnung kommt aus dem Tschechischen) wurde wie der Siegelring zum modischen Accessoire. Hans Henny Jahnn erwähnt in seinem zu Beginn des Jahrhunderts angesiedelten Romanwerk „Fluß ohne Ufer" einen Dirigenten „mit weißer Weste, aus deren linker Tasche an goldener Kette ein goldener Petschaft heraushing."

Der Siegelring schließlich verbreitete sich in solchem Maße, daß viele seiner Besitzer vermutlich gar nicht mehr wußten oder wissen, welche Funktion er einmal gehabt hat. Er ist zum Schmuckstück des Mannes an sich geworden. Daß sich in Großbritannien seit 1884 unter dem traditionellen Titel des Lordsiegelbewahrers der Führer des Oberhauses verbirgt, wissen aber vermutlich auch nicht alle Kontinentaleuropäer.

In Mitteleuropa hat sich der Begriff des Amtssiegels erhalten. Er päppelt die Bedeutung eines simplen Gummistempels wegen seiner Insignien staatlicher Hoheit auf und darf auch nur von beamteten Staatsdienern geführt werden. Die Finger kann man sich mit ihm aber nur ausnahmsweise und in übertragenem Sinne verbrennen.

DER SPUCKNAPF

Wie er räuspert und wie er spuckt / Das habt Ihr ihm glücklich abgeguckt": Auch dieses Schiller-Wort (Wallensteins Lager, sechster Auftritt) ist vom seligen Herrn Georg Büchmann in seine jeder Zeitungsredaktion unentbehrlich gewordene Sammlung von Zitaten aufgenommen worden, die sich der unersättliche Volksmund einverleibt hat. Die „Geflügelten Worte" erschienen 1864 zum ersten Male. Das Spucken war da noch durchaus üblich, wie das geflügelte Schiller-Wort uns lehrt, und es war nachvollziehbar, daß Wallensteins Art, sich des Speichels zu entledigen, für seine Soldaten vorbildprägend war.

Allerdings war das allgemein akzeptierte menschliche Bedürfnis zu spucken in jenen Tagen, als Büchmann seinen immergrünen Bestseller kreierte, bereits insofern vom Prozeß der Zivilisation ergriffen, als es nicht mehr nach Belieben oder sozusagen frei Schnauze befriedigt wurde, sondern gezielt. Wozu ein Spucknapf bereitstand, ein rundes Gefäß aus weißer Emaille mit einem Loch als Zielvorgabe. Schillers Wallenstein freilich kannte den Spucknapf ebensowenig wie unsere Gegenwart. Er ist mit dem Ersten Weltkrieg dahingeschwunden, jedenfalls in Europa. Anders zum Beispiel in China, wo er vom Maoismus besondere Förderung erfuhr. Wir bleiben aber bei unserer eigenen Spucknapf-Geschichte.

Das Spucken blieb zunächst, über den Spucknapf hinaus, eine zur Unsitte erklärte sehr alte menschliche Angewohnheit, wovon in Deutschland die wegen ihres gediegenen Genitivs erinnerungswürdige Aufforderung in öffentlichen Verkehrsmitteln Zeugnis ablegte: „Beim Niesen, Husten, Spucken bediene dich des Taschentuches." Da hatte der Spucknapf sowohl als öffentliche Einrichtung als auch als häusliches Inventarstück längst ausgespielt.

In seinem Standardwerk „Über den Prozeß der Zivilisation" hat Norbert Elias dargelegt, wie das eingeborene Bedürfnis des Menschen, sich seines überschüssigen Speichels spuckend zu entledigen, erst im Spucknapf eine zivilisatorische Bändigung erfuhr, dann aber (scheinbar jedenfalls) völlig verschwand:

„Immerhin hat, mindestens im Innern des Hauses, der Spucknapf als technisches Gerät der Bewältigung dieser Gewohnheit entsprechend dem vorgerückten Peinlichkeitsstandard im 19. Jahrhundert noch eine beträchtliche Bedeutung. Cabenès, 1910, erinnert daran, daß er sich langsam, wie andere Gerätschaften, aus einem Repräsentationsgerät in ein intimes Gerät verwandelt hat. Und allmählich wird auch dieses Gerät entbehrlich. In weiten Teilen der abendländischen Gesellschaft scheint selbst das Bedürfnis, von Zeit zu Zeit zu spucken, völlig verschwunden zu sein."

Elias spricht vom Spucknapf als einem technischen Gerät. Das ist insofern richtig, als seine Herstellung die Technik der Metallformung und Emaillierung voraussetzte. Der Spucknapf erforderte von seinem Benutzer aber vor allem eine exakte Technik des Spuckens, damit es sein Ziel fand und nicht daneben ging. Diese Technik muß staunenswert hochentwickelt und geradezu wettkampffrei gewesen sein. Wir sind für solche Beurteilung nicht auf verschollene Dokumente angewiesen, denn China-Besucher haben in unseren Tagen diese Technik noch bestaunen können.

Gespuckt wird immer noch oder wieder, seitdem Norbert Elias das Verschwinden dieser menschlichen Angewohnheit, die, lange Zeit Sitte, schließlich zur Unsitte wurde, glaubte konstatieren zu können. Ein Blick auf den Fernsehschirm bei der Übertragung von Fußballspielen macht das in Großaufnahmen deutlich. Da der Sport aber in unserer Gesellschaft Standards setzt, ist es vielleicht nur eine Frage der Zeit, wann das Spukken wieder zur allgemein verbreiteten Sitte wird. Nur dem Spucknapf wird man für diese Frage an die Zukunft keine reelle Chance einräumen dürfen. Wie sollte wohl mit ihm das Spiel auf dem grünen Rasen vor sich gehen?

Eher dürfte das Büchmann-Zitat aus Schillers „Wallensteins Lager" auf eine zeitgemäße Bezugsperson von 1. FC Bayern umzudeuten sein.

DER BLEISTIFT-VERLÄNGERER

Allen Stürmen der technischen Revolutionen hat der Bleistift getrotzt. Seine Existenz vermochte selbst jener Kugelschreiber, eine schöne Frucht der Weltraumforschung, nicht zu gefährden, der den Menschen in den Stand setzt, im Zustand der Schwerelosigkeit über Kopf Notizen anzufertigen, worauf er lange gewartet hatte.

Der Bleistift, der so heißt, weil er kein Blei enthält (was schreibt, ist kristallisierter Kohlenstoff), dieser Bleistift also erfreut sich fruchtbarer Existenz; jährlich werden von ihm sieben Milliarden Stück hergestellt. Wozu und warum so viele? Darüber hat sich auch Walther Kiaulehn Gedanken gemacht: „Ob der Bleistift ein Gebrauchsgegenstand ist oder ob er nur Gemütswert besitzt, läßt sich schwer entscheiden, sicher ist nur, daß er als Requisit immer unentbehrlich sein wird. Wenn es nach der Zahl der Bleistifte ginge, die im Umlauf sind und die jeden Tag angefertigt werden, dann müßte die Menschheit ungemein viel aufzuschreiben haben, was sie ohne Bleistift zu vergessen befürchten müßte."

Es soll hier aber nicht vom Bleistift die Rede sein, dessen Existenz in schönstem Flor steht, sondern von Gegenständen, die ins Museum des Alltags gehören. Ein Blick in die einstmalige Umgebung des Bleistifts läßt uns fündig werden, denn da gähnt manche Lücke. Was war da?

Da war zum Beispiel der Tinten- oder Kopierstift, jener schlichte, weil unlackierte Bruder des erfolgumschmeichelten Bleistifts. Weg ist er. Er hat sein Dasein in den vierziger Jahren unseres Säkulums beendet und ist schon fast vergessen. Auf feuchtem Untergrund schrieb er wie violette Tinte. Kinder wurden vor ihm gewarnt: Nicht dran lecken, nicht an die Augen kommen lassen! Im ambulanten Amtsdienst war sein Revier des Wirkens. Quittungen vom Block (mit Durchschlag) wurden mit ihm ausgefertigt. Das besorgt heute der Kugelschreiber oder ein portabler Kleincomputer.

Ein beträchtlicher Teil der Bleistiftproduktion (er dürfte bei mindestens zwanzig bis fünfundzwanzig Prozent liegen) bleibt ungenutzt. Dabei ist hier nicht in Betracht gezogen, daß zahlreiche Bleistifte geklaut und dann nur in Dunkelziffer benutzt werden. Unberücksichtigt bleibt auch, obgleich sicherlich zu

Buche schlagend, der weltweite, weiland in der Sowjetunion exzessiv betriebene Brauch, Konferenzen dadurch bedeutsam zu machen, daß man den Teilnehmern angespitzte Bleistifte auf den Platz legt, die sie dann zwar nicht benutzen, aber mitnehmen. Wie anders wäre sonst die mit sieben Milliarden Stück bezifferte Jahresproduktion zu erklären? Konferenzen und Bleistifte gehören seit eh und je untrennbar zusammen, wie schon die „Buddenbrooks" von Thomas Mann bekunden, wo Toni Grünlich eine bürgerliche Testamentseröffnung vorbereitet hat: „Außerdem hatte sie auf der Tafel eine Menge Schreibpapier und gespitzte Bleistifte verteilt, von denen niemand wußte, wozu sie eigentlich gebraucht werden sollten."

Aber es geht uns hier nicht um die Nichtnutzung des Bleistifts und seine Degradierung zum repräsentativen Nichtsnutz; vielmehr ist der ordinäre Bleistiftstummel ins Auge zu fassen und damit die bewegende Frage: Wo bleibt er heute, der doch früher bis zur völligen Erschöpfung seiner Kapazität Schreibdienst verrichtete und von volkswirtschaftlich beachtlichem Nutzen war, weil der Bleistiftverlängerer ihn und sein Leben verlängerte?

Die zwischen vierundeinenhalben und zwölf Zentimeter lange Hülse, in ihrer schlichten Kurzausführung aus Blech, wurde einfach über das Ende des Stummels geschoben, und schon war dieser, so für des Schreibers Hand bequem gelängt, wieder völlig funktionstüchtig. Raffiniert verhinderte ein Blechring das Verrutschen der Hülse vom Stummel.

Die Wegwerfgesellschaft hat der unaufwendigen, simplen Vorrichtung des Bleistiftverlängerers den Garaus gemacht. Ehre dem Andenken an seine praktische Vernunft.

DER TSCHAKO

Jüngeren Zeitgenossen wird nicht einmal mehr der Name vertraut sein, geschweige denn das Erscheinungsbild des Tschakos. Neuere Lexika haben ihn sogar schon als Stichwort ausgemustert, obgleich diese Kopfbedeckung für den uniformierten Mann eine lange und wechselhafte Geschichte hat, in der sie in vielen Generationen jedermann ein Begriff war.

Der Tschako ist, wie sein eingedeutschter Name unschwer verrät, ungarischen Ursprungs (magyarisch: czákó), war aus Filz, später aus schwarzlackiertem Leder und sollte den Kopf seines Besitzers gegen die Wirkung feindseliger Aktionen schützen.

Theodor Fontane läßt in seinem 1899 erschienen Roman „Der Stechlin" einen Hauptmann von Czako witzig den jungen Adel seiner Familie mit der Behauptung begründen, daß auch „…der erste wirkliche Czako noch keine zweihundert Jahre alt ist. Und von diesem ersten wirklichen Czako stammen wir doch natürlich ab. Erwägen Sie, bevor es nicht einen wirklichen Czako gab, also einen steifen grauen Filzhut, mit Leder oder Blech beschlagen, eher kann es auch keinen ‚*von* Czako' gegeben haben; der Adel schreibt sich immer von solchen Dingen seiner Umgebung oder seines Metiers oder seiner Beschäftigung her."

Die Verbreitung des Tschakos, der den dreieckigen Hut der Infanterie ersetzte, markierte nicht nur militärisch eine Zeitenwende: 1806 führte ihn Napoleon in der französischen Armee ein. Diese Neuerung wurde später auch von anderen Heeren Europas übernommen. Daß der Tschako 1842 in Preußen durch die Pickelhaube ersetzt wurde, bedeutet im Nachhinein mehr als einen Wechsel auf den Köpfen der Soldaten. Die Pickelhaube sollte zum Symbol des preußischen Militarismus werden. Im preußischen Heer trugen nur die Jäger, der Train, und einige Spezialtruppen noch bis 1918 den Tschako.

Und auch in den kleineren Staaten des Deutschen Bundes hielt man an dieser militärischen Behütung fest – wie an einem alten Zopf freilich. So schildert im Roman „Abu Telfan" (1868) von Wilhelm Raabe das gelangweilte Hoffräulein Nikola von Einstein das unsäglich öde Leben am Hofe eines solchen Kleinstaates und wie es sich in dem zur Komik geratenen Zeremoniell widerspiegelt: „...wir fahren spazieren und kommen zurück, und die Wache trommelt, und eine Abwechslung ist's nur, wenn der wachthabende Offizier sich verspätet und mit verkehrt aufgesetztem Tschako hervorstürzt."

Solcher commentwidrige Irrtum war nur in größter Eile und Verwirrung möglich. Denn die Vorderseite des Tschakos trug das herrscherliche oder staatliche oder Truppenemblem, seine rückwärtige Seite aber war zur Bequemlichkeit des Hinterkopfes leicht gewölbt.

Das war noch bis ins siebte Jahrzehnt des zwanzigsten Jahrhunderts am lebenden Objekt festzustellen. Seit 1918 gab es den Tschako nur noch auf dem Kopf des deutschen Polizisten, zuerst schwarzlackiert, dann mit polizeigrünem Filz überzogen, dann wieder im zivilen Schwarz: Die Erscheinungsform des polizeilichen Tschakos folgte den Zeitläuften.

Diese Zeitläufte setzten den Tschako schließlich ganz ab und verbannten ihn ins Museum. Er hat auf Polizistenköpfen so manchen Puff ausgehalten und gab doch bis zuletzt dem Ordnungshüter irgendwie eine fast zivile Note.

Des Schupos Tschako nannte der Berliner Volksmund so treffend wie verständnisvoll Dunstkiepe. Schon die Droste-Hülshoff hatte das besungen: „Den Tschako lüftet er, es dampft / Wie Öfen seines Scheitels Glätte." Und: Das Ding sah auch wirklich wie eine umgestülpte Kiepe aus. Wirkte der Polizist deshalb vielleicht friedlicher, mehr als Freund und Helfer?

Vielleicht. Vielleicht trügt aber auch die Erinnerung. In den zwanziger Jahren zum Beispiel war die preußische Sicherheitspolizei stärker als nur mit der einschlägigen Pistole bewaffnet. Heute wirkt der Polizist im Kampfanzug mit Helm und Visier, Plastikschild und Schlagstock zwar ungleich martialischer, ist bei genauem Hinsehen aber viel defensiver ausgerüstet als sein Vorgänger in Tschako-Zeiten.

Der Tschako hat nichts außer einigen Spuren in der Literatur hinterlassen, die künftigen Lesern rätselhaft sein mögen. Sein Vorgänger wird wenigstens bis heute besungen, aber verstanden wird das auch nur noch als Nonsens: „Mein Hut, der hat drei Ecken, drei Ecken hat mein Hut..."

DER SCHLEIER

An seinem Ende war der Damenschleier nur noch eine Andeutung, ein weitmaschiger Tüll, ein bißchen Spitze, also jener modische Effekt, als den Lexikographen den Schleier am Hut hierzulande seit dem achtzehnten Jahrhundert sehen. Ein, zwei Jahrzehnte nach dem Zweiten Weltkrieg war diese Fermate des Schleiers noch landläufig. Jetzt sieht man das zarte Gespinst, das verbergen wie verlocken sollte und Weiblichkeit allemal unterstrich, allenfalls noch als Brautschleier. Es ist aus der Mode gekommen. Die letzten Trägerinnen des Schleiers am Hütchen werden sich nicht bewußt gewesen sein, daß ihr modisches Accessoire eine lange Geschichte in sich trug, eine Geschichte, die tief in den Brunnen der Vergangenheit zurückführt.

Tamar hieß die Schwiegertochter des Juda, der ein Sohn Jakobs war. Die Ehe mit Ger, dem ersten Sohn des Juda, blieb kinderlos, denn Ger starb bald. Auch Onan, der nach dem Gesetz Tamar heiratete, starb, ohne Tamar zu schwängern. Nun war Schela, der dritte Sohn an der Reihe, aber Juda vertröstete seine Schwiegertochter: Schela sei noch zu klein, denn er hatte Angst, auch sein Jüngster werde in der Ehe mit Tamar sterben. Tamar aber wußte ihren familienrechtlichen Anspruch mit Mut und List durchzusetzen, wie im Ersten Buch Mose, Kapitel 38, nachzulesen ist: „Da legte sie die Witwenkleider von sich, die sie trug, deckte sich mit einem Schleier und verhüllte sich und setzte sich vor das Tor von Enajim an den Weg nach Timna; denn sie hatte gesehen, daß Schela groß geworden war, aber sie wurde ihm nicht zur Frau gegeben. Als Juda sie nun sah, meinte er, es wäre eine Hure, denn sie hatte ihr Angesicht verdeckt."

Was dann geschieht, liegt auf der Hand und ist im Alten Testament nachzulesen.

Der Schleier hat seit der Genesis im zweiten Jahrtausend v. Chr. bis zu seiner Verwendung als modisches Zubehör der Frau immer auch als Mittel der Taktik gedient. Mit ihm suchte das schwache Geschlecht, als das sich die Frau bereits in der (in den Patriarchen-Kapiteln des Alten Testaments zu finden-den) Tamar-Geschichte zu verstehen hatte, ein Stück Waffengleichheit im Kampf der Geschlechter. Ist es nicht eine moderne Tamar-Story, die Ulrich erlebt, „Der Mann ohne Eigenschaften" von Robert Musil: „...und während Ulrich noch überlegte ... wurde ihm eine Dame gemeldet, die ihren Namen nicht nennen wollte, und tief verschleiert bei ihm eintrat ... Zwei Wochen später war Bonadea schon seit vierzehn Tagen seine Geliebte." Das war die Absicht Bonadeas gewesen.

Etwa siebzig Jahre vor Musil wird in der Erzählung mit dem beziehungsreichen Titel „Anläßlich der Kreutzersonate" von Nikolaj Leskov der Schriftsteller von einer Dame aufgesucht, deren Identität und ihr Geheimnis ein Schleier verhüllt: „,Ich bin eine ungetreue Gattin. Ich betrüge meinen Mann!' Sie war sehr gut, aber einfach gekleidet. Alles, was sie trug, war kostbar und von gewählter Eleganz, sowohl der vortreffliche Plüschmantel, den sie im Vorzimmer nicht abgelegt hatte und auch während der Unterredung mit mir anbehielt, als auch das elegante schwarze Hütchen, das offenbar nicht russischer Herkunft, sondern Pariser Modell war, sowie der doppelt gelegte schwarze Schleier, der rückwärts so geknüpft war, daß ich durch das zwiefache Gewebe nur ein weißes, rundes Kinn und zuweilen das Aufleuchten eines Augenpaares erblicken konnte."

Leskovs Unbekannte, Musils Bonadea, Judas Schwiegertochter Tamar – sie bedürften für das, was ihnen am Herzen lag, des Schleiers heute nicht mehr. Die begonnene Emanzipation der Frau hat ihr den Schleier entbehrlich gemacht.

Doch ist es um ihn schade. Entschleierung ist auch dann ernüchternd, wenn sie einem trivialen Vorgang gilt. Und wenn sie eine sehr alte Tradition beendet: Schon die Römerinnen der Kaiserzeit bedienten sich des Schleiers. Die Mode allein vermochte, so scheint es, seine Tragfähigkeit nicht zu erhalten. Im Orient lebt der Schleier als Schador fort, geheimnisvoll wie eh und je. Bei uns erinnert der Brautschleier, der seit dem vierten Jahrhundert nachgewiesen ist, symbolisch an seine lange Geschichte. Geblieben ist der Schleier auch metaphorisch: Tatsachen gelten bei uns oft erst als interessant, wenn sie verschleiert oder entschleiert werden.

DER SCHLAFROCK

Im „Handbuch für den Verkehr in der Familie, in der Gesellschaft und im öffentlichen Leben", das Franz Ebhardt „unter Mitwirkung erfahrener Freunde" herausgegeben hat und 1886 in der Manz'schen k.k. Hofbuchhandlung zu Wien erschien, wird im Kapitel „Der Hausherr" die bewegende Frage aufgeworfen: „Ob der Deutsche jemals über Schlafrock und Pantoffeln hinauskommen wird?"

Franz Ebhardt war zuversichtlich: „Wir glauben es gewiß, so gut wie er ja über die vielberufene Zipfelmütze hinausgekommen ist. Denn Schlafrock und Pantoffeln sind eine Bequemlichkeit, die eigentlich schon gleichbedeutend ist mit tiefstem Negligé. Früher nahm der Hausherr ja wohl keinen Anstand, im eigenen Hause im Kreise der Freunde im Schlafrock zu bleiben, der gleichsam als das Zeichen der patriarchalischen Würde galt; heutzutage wird das keinem gebildeten Menschen mehr in den Sinn kommen, er wird auch selbst den Freund nicht im Schlafrock empfangen. Es ist unleugbar ein großer Fortschritt, den wir damit gemacht haben, und ganz allmählich wird sich so ein Ring der Kette Konvenienz an den anderen reihen, bis auch der Schlafrock eine Mythe sein wird, wie es die deutsche Zipfelmütze ja schon so ziemlich ist."

Die 1886 schon so ziemlich zur Mythe gewordene Zipfelmütze ist tatsächlich gänzlich unziemlich geworden, hat sich allerdings bis in unsere Tage als unentbehrlich zur Darstellung des deutschen Michels in Karikaturen des In- und Auslandes erhalten. Jedermann, hier wie dort, weiß Bescheid, was mit ihr gemeint ist. Das beweist die Zählebigkeit von Symbolen, die noch verstanden werden, wenn ihr konkreter Ursprung längst dem Moder der Geschichte anheimgefallen ist.

Die Pantoffeln aber haben auch realiter überlebt. Die Konvenienz hat sie als Puschen zwar aus dem öffentlichen Leben verbannt, als Badepantoffeln am Swimming-Pool aber der Gesellschaftsfähigkeit zurückgewonnen.

Wie aber steht es um den Schlafrock? Das wattierte Hausgewand, das der Herr vor und nach dem Schlummer anlegte, hat länger überdauert, als es der Fortschrittsglaube unseres Wiener Sittenapostels hoffte, wenn auch nicht als patriarchalischer Ausweis.

In der Literatur des 19. Jahrhunderts geistert der Schlafrock durch viele Bücher. Aber er wurde 1923 sogleich als guter Bekannter identifiziert, als Gontscharows „Oblomow" erstmals in deutscher Übersetzung erschien: „Er trug einen Chalat aus persischem Stoff, einen richtigen orientalischen Chalat, der in nichts an Europa gemahnte, keine Troddeln, keine Sammetaufschläge, keine Taille aufwies." Durch dergleichen nämlich zeichnete sich unser Schlafrock aus, wobei die Taille gewöhnlich durch eine kunstvolle Kordel zustandekam. Auch ohne begleitende Zipfelmütze und Pantoffeln war – so jedenfalls unser Eindruck heute – der betroddelte wattierte Schlafrock der Inbegriff des bourgeoisen Kleidungsstücks für den Spießbürger.

Aber stimmt das so?

Keineswegs. Tatsächlich hat der Schlafrock auf ehemalige Revolutionäre eine bedeutende Anziehungskraft ausgeübt. Richard Wagner, in seinen Dresdener Jahren auch politisch ein wackerer Schwerenöter, weshalb lange Jahre steckbrieflich verfolgt, liebte in seinen mehr privaten Sturm- und Drangjahren, wie einschlägigen Photos zu entnehmen, die bequeme häusliche Hülle so sehr, daß er auch seine Jünger gern in sie gewandet sah. So notiert Cosima am 23. Oktober 1870 in ihr Tribschener Tagebuch: „R. besorgt für Richter einen Schlafrock."

Nicht nur Persönlichkeiten mit einer Vergangenheit als bürgerlicher Revolutionär hatten für das trauliche Schmeichelgewand ein Faible. Als in Arthur Koestlers Roman „Sonnenfinsternis" (ein Schlüsselroman über Stalins Moskauer Prozesse) der Revolutionär Rubaschow nächtens verhaftet wird, fordert er von dem jungen Schergen: „Reichen Sie mir meinen Schlafrock, anstatt mit Ihrer Pistole herumzufuchteln… Der ältere Beamte reichte Rubaschow den Schlafrock. Rubaschow würgte sich in die Ärmel hinein."

Die Bequemlichkeit des Kleidungsstücks zwischen der Erfordernis des Tages und dem Bett hat den Schlafrock auf seine eigentliche Funktion zurückgeführt und so überdauern lassen. Die Mode schließlich hat ihn so verändert, daß aus ihm der Morgenmantel wurde. Er verleugnet nur äußerlich seine Genealogie und tarnt das durch einen anderen Namen.

Es soll aber auch heute noch Familienväter geben, die sonntags im Morgen- oder gar Bademantel am häuslichen Frühstückstisch erscheinen.

Ob mit oder ohne Pantoffeln: Herr Franz Ebhardt selig wäre auch darüber sicherlich indigniert und würde auf einen weiteren Ring an der Kette Konvenienz hoffen.

DIE BUCHHÜLLE

Der Buchhülle begegnet man noch gelegentlich im Gebrauch. Jahrzehntelang war sie ein Spitzenprodukt früher Heimwerkerei in ihrer weiblichen Sparte.

Die Buchhülle war Ausdruck einer bürgerlichen Epoche der Sparsamkeit, die den Gegenständen des täglichen Gebrauchs konservierenden Schutz angedeihen ließ. Die Palette bewahrender Vorrichtungen reichte von den Schonbezügen über Meublement und Lampen im guten Zimmer (großbürgerlich: Salon), bis zu den Gummiüberschuhen, die die Fußbekleidung bei Regenwetter schützten.

Der Herstellung von Buchhüllen, eine durchaus individuelle Beschäftigung, dienten verschiedene Materialien, Karton, Leinen, ja feines Leder. Am beliebtesten aber war der Stramin, jenes appretierte Gittergewebe, das Grundlage der Kreuzstickerei ist.

Denn Kreuzgesticktes verlieh der Buchhülle den persönlichen Charakter, dessen das handgefertigte Geschenk bedurfte. Es bestand in sinnigen Motiven, bunten Blümchen etwa oder einfach dem Monogramm der zu beglückenden oder der schenkenden Person. Bei Straminverwendung wurde die Buchhülle mit weichem Stoff gefüttert, damit der Einband des zu umhüllenden Buches nicht hinterrücks kreuzstichweise malträtiert werde. Mit Stegen, Taschen und Gummibändern trachtete die Heimwerkerin zu besorgen, daß der Buchdeckel an die Hülle gefesselt werde. Zwecklose Mühe meistens, denn in der Regel rutschte das Buch unheilvoll in der Hülle hin und her oder gar aus ihr heraus, weil Hülle und Buchformat in den seltensten Fällen ideal zueinander paßten. Damit erwies sich die Buchhülle oft genug als Danaergeschenk, das ertragen sein wollte – wie das laubgesägte Schlüsselbrett.

War es am Ende die Einsicht in den beschränkten Gebrauchswert, die der Buchhülle nach Jahrzehnten zäher Existenz den Garaus gemacht hat? Ist sie ein Stück der versunkenen Epoche von Häkelbeutel und Stickrahmen, Opfer der Fortentwicklung heimischen Bastelns zur Do-it-your-self-Bewegung?

Vielleicht. Aber eher ist anzunehmen, daß das Buch (wie die Lampe) nicht mehr als besonders zu schonendes Gut angesehen wird. Eine lächerliche Vorstellung: die Buchhülle um ein Taschenbuch. Aber auch der moderne Begriff des Hardcover-Buches läßt sich mit unserer bei aller Unzulänglichkeit liebenswerten Antiquität schwer zusammendenken. Bücher sind Billigware geworden, was den Preis angeht. Vorbei sind die Zeiten, als jener kalkulatorische Grundsatz für das Verlagsgeschäft galt, der dem Verleger Kaspar Witsch zugeschrieben wird: Ein Buch darf soviel kosten wie ein Schuh (recte: wie ein halbes Paar Schuhe). Die Schuhpreise haben seitdem Siebenmeilenstiefel angezogen und sind den Preisen für Bücher davongelaufen, und die hinken hinterdrein. Und weil selbst sehr teures Fußzeug bei Regenwetter nicht mehr durch die übergestreifte Gummigalosche bewahrend geschützt wird, ist einsehbar, warum Buchhüllen nicht mehr angefertigt und kaum noch benutzt werden. Die konservierende Hülle und der schonende Bezug, nicht selten hingebungsvoll hergestellt, sind aber noch nicht ausgestorben. Sie finden sich nur dort, wo es Werte zu bewahren gilt: Im Auto, dem Heim auf vier Rädern.

DER SCHLIPSHALTER

Obgleich sie unzweifelhaft patent sind und kein ernsthafter Grund erfindbar ist, warum sie nicht überall und für jedermann zugänglich offeriert werden, entziehen sich manche Produkte des menschlichen Ingeniums dem bewährten kommerziellen Warenverteilungssystem. Derartige Erzeugnisse sind stattdessen im Angebot des fliegenden Händlers auf der Straße zu finden. Seine ambulante Existenz aber macht den Ankauf zum Zufall. Wenn man zum Erwerb solches Produktes entschlossen ist, sucht man vergebens nach dem stimmgewaltigen Handelsmann.

Der Prototyp eines solchen Produktes, das sich geplantem Kaufentschluß entzieht und stattdessen Spontaneität und Zufall überlassen bleibt, war jahrzehntelang der Schlipshalter. Es kann nicht einmal als gesicherte Erkenntnis gelten, daß es den Schlipshalter im Sortiment des Straßenhändlers nicht mehr gibt. Nur soziologische Einsichten lassen das vermuten, die aber bekanntlich nicht immer als bare Münze gelten können.

Der Schlipshalter erübrigte das lästige Binden der Krawatte, das bei aller Übung keineswegs immer das gewünschte Ergebnis zeitigte, nämlich den tadellosen Sitz des Schlipsknotens in der angemessenen Größe zwischen den Kragenecken. Mit Hilfe des Schlipshalters wurde das Schlingen der Krawatte durch den fix und fertigen Knoten ersetzt. Man konnte sich durch diese patente Einrichtung also einige Mühe ersparen, die das einschlägige Bild treffend wiedergibt: Der Mann, der mit hochgeschlagenem Hemdkragen und gerecktem Kinn eine Art Laokoonkampf mit seinem Schlips inszeniert.

Daß der Schlipshalter bei allen Vorzügen gleichwohl keine allgemeine Verbreitung gefunden hat und sein Absatz dem ungewissen Schicksal des Straßenhandels ausgeliefert blieb, widerspricht zwar der Vernunft, ist aber Realität. Wie kommt das wohl?

Wir vermuten, daß sowohl der Vertrieb dieses praktischen Dings über den Straßenhandel als auch die von ihm angepeilte Käuferzielgruppe seinem Erfolg im Wege gestanden haben. Die Literatur vermittelt auch hierfür Hinweise. In Alfred Döblins „Berlin Alexanderplatz" von 1929 preist Franz Biberkopf, der Protagonist des berühmten Romans, am Rosenthaler Platz als Straßenhändler Schlipshalter an: „Warum trägt der Prolet keine Schleifen? Weil er sie nicht binden kann. Da muß er sich einen Schlipshalter zu kaufen…" Biberkopf hat für den Ankauf gute Argumente auf seiner Seite: „Herrschaften, wer hat heutzutage Zeit, sich morgens einen Schlips zu binden, und gönnt sich nicht lieber die Minute mehr Schlaf. Wir brauchen alle viel Schlaf, weil wir viel arbeiten müssen und wenig verdienen. Ein solcher Schlipshalter erleichtert Ihnen den Schlaf. Er macht den Apotheken Konkurrenz, denn wer solchen Schlipshalter kauft, wie ich hier habe, braucht kein Schlafgift und keinen Schlummerpunsch und nichts. Er schläft ungewiegt wie das Kind an der Mutterbrust, weil er weiß: es gibt morgens kein Gedränge; was er braucht, liegt auf der Kommode fix und fertig und braucht bloß in den Kragen geschoben zu werden."

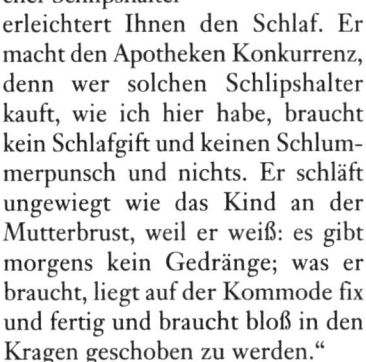

Ob Biberkopf mit seiner Suada größere Umsätze erzielt, läßt der Roman offen, ist aber fraglich. Bekanntermaßen nimmt sein Schicksal einen anderen Verlauf als den eines erfolgreichen Schlipshalterverkäufers.

Der Prolet, den Döblins Biberkopf als potentiellen Benutzer des Schlipshalters anspricht, hat von ihm offenbar nicht jenen Gebrauch gemacht, der ihm, wie dem Schlips, einen massenhaften Absatz gesichert hätte. Andere Schlipsträger aber fanden Schlipshalter nicht dort, wo sie auch ihre Schlipse kauften. Hätten sie ihn denn aber überhaupt benutzt? In dieser hypothetischen Frage neigen wir zu einem vorsichtigen Ja, weil die fertiggebundene Smokingschleife prinzipiell nichts anderes ist; und sie hat sich zur Erleichterung des gelegentlichen Smokingträgers, der mit dem Binden der Schleife seine Mühe und am Ende einen derangierten Smokinghemdkragen hatte, längst durchgesetzt. Auch ist die fertige Smokingschleife von der gebundenen so wenig zu unterscheiden wie der vom Schlipshalter getragene fertige Knoten vom gerade geknüpften.

Straßenhändler gibt es noch immer. Mit Schlipshaltern aber können sie, sollte es die noch geben, keine Geschäfte mehr machen. Proleten gibt es nicht mehr. Ihr offener und schlipsloser Hemdkragen ist längst comme il faut und das seidene Tüchlein, das es allenfalls ziert, kein Klassenmerkmal.

Amtssekretär Beckmessers Kennzeichen

DER ÄRMELSCHONER

Ganzen Generationen von Karikaturisten war der Ärmelschoner unentbehrlich zur Darstellung des Bürokraten. Sogar nachdem unser zählebiges Berufsbeamtentum sein eigenes Symbol ohne Schaden überlebt hat, taucht der Ärmelschoner noch immer in Zeichnungen auf und wird, obgleich real nicht mehr existent, von jedermann auf Anhieb erkannt und richtig gedeutet. Als der Karikaturist Dieter Zehentmayer in seiner von Michelangelo inspirierten Zeichnung „Erschaffung des Beamten" den nackten Menschen als Stammvater des öffentlichen Dienstes allein durch Ärmelschoner zu erkennen gab, hatten auch Mitglieder der Postärmelschoner-Generation keinerlei exegetische Schwierigkeiten.

Warum gibt es den Ärmelschoner nicht mehr?

Er war doch ein nützlich Ding, und die Bürokratie hat ganz andere Attacken überlebt (und ist dabei mächtig gediehen) als den milden Spott über die praktische Stoffröhre zur schonenden Verhüllung des unteren Jackenärmels. Und war der Ärmelschoner nicht, wie die hohe weiße Mütze des Kochs oder die grüne Schürze des Schuhmachers, Abzeichen einer ehrbaren und traditionsreichen Zunft, die schon der Nürnberger Sixtus Beckmesser vertrat? Ließ sich an der schwarzen Röhre nicht die sprichwörtliche Sparsamkeit des öffentlichen Dienstes, auch bei Einbringung der privaten Jacke in den Hoheitsbereich des Stempelkissens, ablesen? Wurde solch schonsamer Umgang nicht noch durch das Gummiband (oder die Zweitnutzung des Weckglasrings) am Oberarm unterstützt, das die fürwitzige Manschette in die Obhut des Ärmelschoners verwies, so daß einerseits amtliches Schriftgut unberührt, andererseits das Beamtenhemd von jedem sachfremden Kontakt verschont blieb?

Kurz und gut, der Ärmelschoner entfaltete lautere Nützlichkeit nach allen Seiten. Gleichwohl gibt es ihn nicht mehr. Sein Ende war fließend, ist aber etwa mit der Ludwig-Erhard-Phase der Nachkriegszeit anzunehmen.

Stets hat sein Ruf unter den Bedingungen seines Wesens gelitten. Denn während man überall sonst zur Arbeit die Ärmel hochkrempelte, zumindest metaphorisch so verfuhr, streifte sich der Bürokrat die schwarze Stoffröhre über die Ärmel, bevor er die Schalterklappe öffnete.

Schalter allerdings gibt es nicht mehr. Stattdessen gibt es Center, aber die haben keine Klappe, sondern einen eleganten Kunststoffstab mit der Aufschrift „Zur Zeit geschlossen". Auch ist der Arbeitsplatz, der den Ärmeleinsatz erforderte, nicht mehr aus rauhem Holz, vor dessen abschabender Wirkung der Jackenärmel zu schützen war, sondern aus textilfreundlichem oder gar textilsympathischem Kunststoff. Überhaupt ist die amtliche Schreibtischausstattung mit den vielen Stempeln, Federhaltern und Tintenfaß, die das Gewand des Ärmelschonerträgers bedrohte, durch den reinlichen *Personal Computer* abgelöst worden, der freilich die Kommunikation nicht persönlicher macht. Dafür bleibt die Jacke des Staatsdieners sauber. Segen des Fortschritts, auch wenn die Computerleitung mal wieder nicht funktioniert. Vor allem aber verdient der öffentliche Dienst am Schreibtisch in unserer Wegwerfgesellschaft so schlecht nicht, als daß er noch des Ärmelschoners bedürfte. Das gönnen wir ihm von Herzen, wenngleich uns sein Ärmelschoner irgendwie doch fehlt.

DIE KNICKERBOCKER

Seitdem sich der Feierabend zur Freizeit gemausert hat und damit zu einer ernsten Herausforderung für Gesellschaft und Individuum wurde, die indessen wiederum der Soziologie manchen Arbeitsplatz mit der entsprechenden Freizeitreserve sichert, seitdem sind die Grenzen zwischen ernster Arbeit und süßem Nichtstun in Fluß geraten.

Kaum läßt sich noch am Erscheinungsbild ablesen, ob ein Mensch etwa dem Broterwerb nachgeht oder sich anschickt, einige Kilometer zu joggen, was unter Umständen sogar mehr anstrengt (aber: „Joggers die fitter"). Laufschuhe und Trainingsanzug lassen die Deutung seines Vorhabens in jedem Falle durchaus offen. Der sportliche Habitus hat weite Bezirke auch des zivilen Daseins erobert, so daß sich auf Anhieb nicht mehr erkennen läßt, ob jemand sich zur Leibesertüchtigung anschickt oder nur zu bequem ist, sich manierlich anzuziehen. Es gab eine Zeit, da der sportive Mann als solcher auch in ziviler Gewandung erkennbar war und sich zu erkennen gab. In der ersten Hälfte des zwanzigsten Jahrhunderts stak er in der markanten

Knickerbockerhose, die durch ein gegürtetes Jackett mit aufgenähten Taschen und der Schlägermütze auf dem Kopf ihre Vollendung erfuhr. Ein derartiger Aufputz war ein wahres Aphrodisiakum, wie Marcel Aymé in seiner Erzählung von 1943 „Der Mann, der durch die Wand gehen konnte" bestätigt hat: „Die Blonde ihrerseits hatte ihn mit vielem Interesse betrachtet. Nichts wirkt stärker auf die Einbildungskraft junger Frauen von heute als Knickerbocker und eine Hornbrille. Das erinnert an Filmhelden und erweckt Träume von Cocktails und kalifornischen Nächten." Nicht nur von kalifornischen Nächten, wie Nachgeborene alten Filmen abgucken können, in denen Hans Albers in der Knickerbockerhose als Mustermannsbild sportlicher Robustheit die Frauenherzen schmelzen läßt.

Wie ist dieses Beinkleid zu beschreiben? Nicht präziser als es die Definitionskünstler von Meyers Großem Taschenlexikon tun: „seit der Jahrhundertwende v. a. als sportliche Hose getragene, etwas überfallende Kniehose, deren Beinlinge unter dem Knie durch einen Bund zusammengehalten werden."

Was hat die Knickerbockerhose aus dem Felde, das heißt aus dem Straßenbild geschlagen? War es nur die wetterwendische Launenhaftigkeit der Mode? War es die Unmöglichkeit, fürderhin den bauschigen Charme ihrer Beinlinge über dem Laufschuh von Herrn Jedermann entfalten zu können? Oder war es der Mangel an einer bestimmten Voraussetzung für ihre Tragfähigkeit? Denn es ist ja richtig, daß die Knickerbockerhose ein sportliches Kleidungsstück war, wie sie die Lexikographen beschreiben. Gehalten wurde die sportliche Hose aber auch nur von sportlich ausgeprägten Waden, die dem Bund einen verläßlichen Halt boten, mit dem die Beinlinge unter dem Knie endeten. Man wird ja sehen, ob gelegentliche Versuche, die Knickerbocker sozusagen wiederzubeleben, von Erfolg gekrönt sein werden.

Denn ihr Verschwinden hat einen Verlust bedeutet, schon wegen der Lücke, die sie in unserem Sprachschatz hinterließ. Knickerbocker: welch schöner, klangvoller Begriff! Man kann sich streiten, ob er deutsch oder englisch ausgesprochen (Nickerbocker) besser klingt. Denn der amerikanische Erzähler Washington Irving, auf den unsere Knickerbocker zurückgeführt werden, nannte den Autor seiner „History of New York" – Diedrich Knickerbocker, gab ihm also einen deutschen Namen. Aber der Streit wäre müßig, ob nun die Knickerbockerhose passé oder ein erneuter Versuch ihrer Revitalisierung erfolgreich ist. Wer liest schon noch Washington Irving?

DIE BARTBINDE

Der beim Knaben erstrebte Ordnungssinn wurde in den dreißiger Jahren durch ein merkwürdiges Spiel angeregt. Es galt hierbei, seltene Erscheinungen im täglichen Leben nach einem ausgeklügelten Punktesystem zu registrieren und als Sieger im Wettbewerb jenen zu ermitteln, der innerhalb eines festgelegten Zeitraums die meisten Biber für sich zu verbuchen vermochte.

Biber? Das war das Codewort bei der visuellen Jagd nach Bärten. Denn Bärte waren ungewöhnlich geworden. Die Zeit war vorbei, da Onkel Hugo aus Mecklenburg unwidersprochen die kernige Devise verkündete: „Wokeen nich'n Snurrbort het, de is keen Kierl." Ein echter Kerl war man nur bartlos. Der Bart hatte einen Bart bekommen.

Anlaß genug für statistisch inspirierte Knaben, ihn zum Gegenstand ihrer Jagd zu machen. Dabei galt ein Schnurrbart nur einen Biber, der Schifferbart zwei und so fort. Stets geisterte das Gerücht von einem in der Nachbarschaft gesichteten Rübezahl-Bart durch die Datendiskussion. Aber leibhaftig ist solcher Biber, der viele, viele Biber wert gewesen wäre, nie ausgemacht worden. Die Zeit der Bärte, zumal in ihrer exzessiven Ausformung, war ja vorbei. Der lächerliche Haarstummel zwischen Nase und Oberlippe á la Charlie Chaplin, trotz seines bekannten und auf allen Briefmarken des Großdeutschen Reiches abgebildeten Trägers respektlos Rotzbremse genannt, wurde nicht zum prägenden Vorbild wie es weiland der Bart Wilhelm II. war. Und was hätte die Rotzbremse für die Knabenjagd denn schon erbracht? Allenfalls einen halben Biber.

Der halbe Biber ist aus naheliegenden Gründen ausgestorben wie das Bibersammeln selbst. Es hätte seit den siebziger Jahren, wäre es dann noch geübt worden, inflationäre Ergebnisse gezeitigt. Denn seither ist der Bart, einschließlich seiner Rübezahl-Version, wieder comme il faut und feiert sozusagen rauschende Erfolge.

Der Hang zum Haarigen um die Nase, sowohl Ausgleich für die frühe Glatze als auch beliebter Fluchtweg für den von der Frauenbewegung bedrängten Adamssohn ins Reservat geschlechtsspezifischer Singularität, hat aber, erstaunlich genug, nicht jene Utensilien zu neuer Blüte reifen lassen, die noch zu

Beginn des zwanzigsten Jahrhunderts zur gepflegten Manneszier unerläßlich waren, ja, einer ganzen Generation treuer Staatsbürger dort, wo man deutsch sprach, den Stempel aufdrückten.

Wo also ist die Barttasse für die jüngsten Bartträger geblieben, die zu ihrer Zeit den manierlichen Genuß rückständiger Getränke ohne sichtbare Reste im Bart ermöglichte? Wohin entschwand die Bartwichse, die in Verbindung mit dem Bartbürstchen den wuchernden Oberlippenschmuck in die rechte Form brachte? Dem Inhaber eines nackten Gesichts bleibt ein Rätsel, wie ohne solche Hilfsmittel exotische Barttrachten in Form zu halten sind. Wozu auch der wieder aufgetauchte Wilhelm-Zwo-Bart mit Namen „Es ist erreicht" mit seinen optimistischen Spitzen gehört. Und gar das Hauptzubehör für die Bändigung solchen Bartes, das Heinrich Mann an seinem „Untertan" in ganzer Bedeutung vorführt:

„Er ließ vermittels einer Bartbinde seinen Schnurrbart in zwei rechten Winkeln hinaufführen. Als es geschehen war, kannte er sich im Spiegel kaum wieder. Der von Haaren entblößte Mund hatte, besonders wenn man die Lippen herabzog, etwas katerhaft Drohendes, und die Spitzen des Bartes starrten bis in die Augen, die Diederich selbst Furcht erregten, als blitzten sie aus dem Gesicht der Macht." – Mittels der Bartbinde verwandelt sich der preußische Untertan dem Geist seines mediokren Herrschers an.

Doch auch in der starren Lebensordnung des Wiener Bürokraten hatte die Bartbinde ihren festen Platz, wie Heimito von Doderer an einer der Hauptfiguren seines Werkes, dem Amtsrat Julius Zihal (in dem 1950 erschienenen Roman „Die erleuchteten Fenster" bereits ein Pensionär) ausführt: „...verließ Zihal doch zur gewohnten Minute das Bett, hängte die Bartbinde an einen kleinen Nagel, welcher beim Nachtkästchen in das rundgebogene Holz der Kopflehne zu diesem Zwecke eingeschlagen war..."

Es ändern sich die Zeiten – und auch wieder nicht. Die Männergesellschaft kennt die Bartbinde nimmer, hat aber wieder einen Bart, und der darf sich ungezähmt und ökologisch einwandfrei auswachsen. Und bleibt als Biber ungezählt.

UTENSILIEN
DES ZIGARETTENRAUCHERS

Das soziale déclassement des Zigarettenrauchers ist nicht ohne Folgen geblieben. Auf dem Rückzug in die Heimlichkeit des Lasters hat er am Rande seines Flucht- und Leidensweges jene Accessoires zurückgelassen, die einst sein Laster verschönten, es aus dem verqualmten Alltag heraushoben und es der gehobenen Lebenssphäre zuordneten. Aus dem selbstbewußten Raucher ist längst ein beklagenswertes Opfer geworden.

Wann und wo sieht man noch das Zigarettenetui, flach, schmal und elegant, in silberner oder gar goldener Ausführung und allemal ein Erzeugnis des Kunstgewerbes, womöglich mit dem Monogramm des Besitzers geschmückt? In Österreich war die Dose gar, solange sie noch allgemein in Gebrauch war, durch ihren Namen geadelt. Sie wurde nach der oft kostbaren Schnupftabakdose friderizianischer Zeit Tabatiere genannt.

Die artige Offerte, Einladung zum gemeinsamen Rauchopfer, indem man dem Gegenüber das durch Knopfdruck aufspringende Behältnis entgegenhielt oder die geöffnete Dose präsentierte, ist als Geste aus den genormten Lebensabläufen, der gediegenen Konvention des Alltags, verschwunden. Solche Geste vermochte in einer zugespitzten Situation momentan Konfrontation zu entspannen. Einen solchen Augenblick seelischer Pein hat Joseph Roth in seinem „Radetzkymarsch" festgehalten, als der Leutnant Carl Joseph von Trotta dem Wachtmeister Slama einen Kondolenzbesuch abstattet, unwissend, daß Slama von seinem Liebesverhältnis mit dessen verstorbener Frau weiß: „Er wartet, bis Carl Joseph sich gesetzt hat, rückt dann den Sessel, setzt sich ebenfalls und zieht seine Tabatiere. Sie hat einen Deckel aus buntbemaltem Email. Der Wachtmeister legt sie in die Mitte des Tisches, zwischen sich und den Leutnant und sagt: ‚Eine Zigarette gefällig?'"

Weder die Situation noch die Geste sind nachvollziehbar. Der Zigarettenraucher unserer Tage zückt allenfalls ein Päckchen, auf dem die ministerielle Mahnung vor dem gesundheitsgefährdenden Rauchen warnt, um seinem Gegenüber mit der Zaghaftigkeit des verteerten Gewissens eine anzubieten: Wollnse auch eine?

Wie die Tabatiere oder die Zigarettendose ist auch die Zigarettenspitze im blauen Dunst der Vergangenheit als Requisit aus dem Arsenal unbeschwerter Rauchertage verschwunden, in denen sich noch niemand etwas unter einem Raucherbein vorstellen konnte. Das Bild des mondänen Vamps mit der überlangen Spitze hat sich aus jenen Tagen aber erhalten, dank des Blauen Engels der Marlene Dietrich. Die schöne Einheit erfreulicher Verruchtheit aus viel Bein und langer Zigarettenspitze, deren Gebrauch für die betörend-verrauchte Stimme sorgte, ist über die cineastische Archivalie hinaus zum Sinnbild einer Epoche geworden. Genuß ohne Reue oder schlechtes Gewissen: das waren noch Zeiten.

Ältere Herrschaften werden sich wehmütig jener Zeit erinnern: Als der Konsum von Tabak in weißen Papierröllchen nicht der Imitation des Kraftboldes galt, der anstrengende Märsche durch die Wildnis unternimmt oder Rindvieh mit dem Lasso einfängt, sondern als Zutat des Lebens galt, gesellschaftlicher Noblesse gar, der man durch die Wahl einer flachen ägyptischen Cigarette mit Goldmundstück Ausdruck verlieh. Sie aber brachte man zur Hervorbringung der erwünschten aromatischen Wölkchen, indem man sie mit einem goldenen Feuerzeug anzündete, wodurch dem Duft des Orients eine feine Spur teuren Automobilbenzins beigemischt wurde. Auch das Benzinfeuerzeug gehört der Vergangenheit an, liegt an der Verliererstraße des Zigarettenrauchers. Sein Nachfahre bedient sich des Wegwerf-Lighters, verschämt und unauffällig.

Irgendwo zwischen Cigarette und Zigarette wurde die Grenze überschritten, hinter der die Tage unbeschwerter Bläue liegen, ging die Unschuld des Rauchers verloren, wurde das zierliche Zubehör zum lächerlichen Gerümpel degradiert.

DAS CHEMISETT

Das Original, das stets auf seine Exclusivität Wert gelegt hat, existiert unverändert. Das Imitat aber, das einige Generationen lang, nämlich noch bis in die dreißiger Jahre hinein, massenweise getragen wurde, ist verschwunden.

Das Original: Die Chemisette oder, gebräuchlicher, das Chemisett, hat sich gehalten: Als steif gestärkte Hemdbrust, mit der das Frackhemd gepanzert, ihm vorgebunden wird. Der Effekt ist unübersehbar: Das originale Chemisett verleiht seinem Träger Würde und Stattlichkeit. Frack und mit ihm Frackhemd samt Chemisett sind allerdings vom klassischen Gesellschaftshabit zum Dienstanzug mutiert, getragen von den Akteuren im Orchestergraben des Opernhauses ebenso wie in sehr feinen Restaurants vom Oberkellner, um die Gemüter der Besucher hier wie dort festlich zu erheben und feierlich einzustimmen. Als zivile Uniform, wenn keine militärische vorhanden ist, gilt der Frack bei großen Staatsempfängen als angemessenes Gewand, und das Chemisett bietet bei solchen Gelegenheiten der Ordensschärpe die einzig angemessene steife Grundlage.

Die massenhafte Nachbildung dieses Chemisetts durch das gleichnamige Vorhemd erfüllte bescheidenere Ansprüche und ist vielleicht auch deshalb verschwunden. Was es mit jenem Chemisett, das in Norddeutschland auch Labberdöhnchen genannt wurde, auf sich hatte, erfahren wir zuverlässig mal wieder aus einem Buch, nämlich dem Roman „König, Dame, Bube", den Vladimir Nabokov 1928 in Berlin schrieb: „…das Vorhemd – ein Hemd, das übrigens nach seinem verräterischen Glanz zu urteilen, nur als Idee existiert, da es von sparsamen Provinzlern sehr geschätzt, an ein rauhes, zu Hause genähtes Hemd angehängt wird."

Das Vorhemdchen wies dem Kleinbürger nicht nur in der Provinz einen Weg aus der Klemme zwischen dem Mangel einerseits und dem Drang zum Schönen und Guten, wenngleich nicht Wahren, einer tadellosen Erscheinung andererseits. Mit dem Griff zur Nachbildung des Chemisetts am Frackhemd wollte er den Frackträger nicht imitieren, sondern nutzte lediglich die ihm innewohnende Idee, um sich zu besonderen Anlässen präsentabel zu machen.

Die Nachahmung des feinen Chemisetts zur Hebung des kleinbürgerlichen Erscheinungsbildes war, wie wir wissen, nur eine Anleihe, mit der aus der Not eine Tugend gemacht wurde, wobei das Chemisett eben nur ein Teil unter vielen war, wenngleich natürlich ein zentrales, wie auch aus dem Bericht von Freund Jochen über die Entstehung des sonntäglichen Erscheinungsbildes seines Großvaters bekundet: „Er band den Gummikragen mit der Hemdbrust um, dann den Schlips, in dem auch schon die Per-

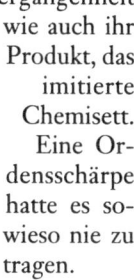

le steckte (falsch natürlich – und die richtigen Krawatten hießen übrigens zur Unterscheidung ‚Selbstbinder') und steckte die Gummimanschetten in die Ärmel".

Als habe der Herrenausstatter des Kleinbürgertums Frankenstein geheißen. Aber es war der Mangel, der für alles, was über die Grundausrüstung hinausging, zum schönen Schein griff, um das dürftige Sein zu kaschieren.

Die aus dem Mangel erwachsene Notwendigkeit ist Vergangenheit wie auch ihr Produkt, das imitierte Chemisett. Eine Ordensschärpe hatte es sowieso nie zu tragen.

DER FENSTERSPION

Mama, was ist das?" sagte Klara, die durchs Fenster und in den „Spion" blickte. – Es ist ein – „O mein Gott, ja, die Revolution... Es ist das Volk..." erkennt Frau Konsulin Buddenbrook. Durch den Blick in den „Spion" nämlich, jenen doppelten Spiegel außen am Fenster, der ihr die Vorgänge links und rechts auf der Straße zeigte, ohne daß sie selber sich zeigen mußte.

Solche Spione gab es landauf, landab, bis ihm das Fernsehzeitalter ein sanftes Ende bereitete.

Der Spion war eine von der Langeweile gezeugte Vorrichtung zur Befriedigung der Neugier, daher vor allem in den Städten der Provinz zuhause und bevorzugt genutzt vom weiblichen Teil des Bürgertums.

Natürlich waren Bürgerfrauen nicht neugieriger als ihre sozial weniger gut gestellten Geschlechtsgenossinnen. Aber sie hatten mehr Muße und den Comment zu berücksichtigen. Um etwas zu erspähen sich selber zur Schau zu stellen, galt als unschicklich. Das auch heute gängige Bild der Frau, die – im offenen Fenster auf ein Kissen gestützt – die Welt unter sich geruhsam beobachtet: Paare, Passanten und was sich sonst auf der Straße bewegt, gehört anderen sozialen Bedingungen an.

Der Spion in der Mengstraße, der Tochter und Mutter Buddenbrook in Lübeck die so bizarr verlaufende Revolution von 1848 widerspiegelt, vergoldet den Gebrauch dieser Vorrichtung. Denn tatsächlich war ihr Nutzen ungleich trivialer als in Thomas Manns Roman: Da saß, wie noch in der ersten Hälfte des zwanzigsten Jahrhunderts erlebt, in dem griesegrauen Landstädtchen irgendwo in Mecklenburg die Tante strickend hinter den Fenstergardinen – die besten Jahre hinter sich und ein langweiliges Straßenbild im verkleinerten Spiegelabbild des Spions vor sich, das schon durch das Auftauchen einer hierorts nicht bekannten Person einen erregenden Akzent erhielt.

Der Begriff „Spion" für den Spähspiegel am äußeren Fensterrahmen (oder für das unverändert übliche vergrößernde gläserne Guckloch in der Haustür) dünkt uns angesichts der Geschichte des zwanzigsten Jahrhunderts, die auch eine Geschichte der Spionage war, übertrieben. Aber er führt sich wie alle Wortbildungen mit diesem Stamm auf das italienische Wort für „ausspähen" (spiare) zurück, macht begrifflich also Sinn. Denn auch der Fensterspion ermöglichte durch die Tüllgardine den spähenden Blick, wenngleich er nicht gerade den Tatbestand der Ausspähung erfüllte.

Die sprachliche Herkunft des Spions aus dem Italienischen macht jedoch das Nord-Süd-Gefälle, das wir für das harmlose Lugen per Spion feststellen, zum Kuriosum. Denn sein Vorkommen nahm ab, je weiter man nach Süden kam. Daß er eine Domäne der nördlichen Regionen (bis hin nach Skandinavien) war, findet seine Erklärung im Klima und dem daraus folgenden gesellschaftlichen Verhalten. Wo das Leben sich vorzugsweise außerhalb der eigenen vier Wände entfaltet und entfalten kann, weil es draußen warm ist, kann der spähende Blick in die Nachbarschaft auf den Fensterspion verzichten. Wenn in einem verschnarchten Städtchen heute noch ein Spion am Fensterkreuz zu sehen ist, dann zeigen seine erblindeten Gläser seinen Funktionsverlust an. Das Fernsehen befriedigt den Wunsch scheinbar besser und umfassender, am Leben anderer ohne eigenes Dazwischentreten teilzuhaben. Zeitweilig dienten und dienen auch versteckte Videokameras zur Beobachtung Dritter. Aber das hat nichts mehr mit nachbarschaftlicher Neugier zu tun, sondern fällt unter einen anderen lexikalischen Begriff, mit demselben Wortstamm freilich.

Im Zweifelsfalle können solche hochtechnisierten Spione zwar genauso wie Klara Buddenbrooks harmlose Spähvorrichtung in der Mengstraße Kunde von einer Revolution geben. Aber nützen tut das, wie sich gezeigt hat, auch genausowenig.

DIE KRAWATTENNADEL

Dem Obsthändler, der in Alfred Hitchcocks Thriller „Frenzy" mit Hilfe seiner abscheulich geschmacklosen Schlipse reihenweise Frauen zu strangulieren pflegt, kommt Scotland Yard schließlich durch des Mörders (ebenfalls ausnehmend häßliche) Krawattennadel auf die Spur. Ausnahmsweise einmal erweist damit dieses funktionslose Schmuckstück einen, wenn auch sehr zufälligen, Nutzen.

Hitchcocks Film von 1972 spielt im damals noch sehr schmuddeligen Londoner Soho-Viertel, Covent Garden. Möglich, daß in englischen Frauenmörder-Kreisen die Krawattennadel noch immer en vogue ist. Bei uns ist sie längst aus der Mode geraten. Nur ganz gelegentlich erblicken wir die Nadel, hierzulande in vergangenen Tagen ein Ausweis für Seriosität, noch bei sehr würdigen alten Herren in der vorgeschriebenen Form: als matte Perle in der Goldfassung am Ende der Nadel, die in der höchst korrekt gebundenen Krawatte steckt und den Ausschnitt der Weste zum Schaufenster des Herrn vom Stande macht.

Die Frage, welchen Sinn die Schlipsnadel jenseits ihres schmük-kenden Akzents einmal hatte, ist nicht zu beantworten. Ihre Voraussetzung war der sogenannte Langbinder, der sich erst im letzten Drittel des neunzehnten Jahrhunderts als neue Form der Krawatte (der „kroatischen Halsbinde") durchzusetzen begann.

Auch das jüngere Schlips-Accessoire, das als Spange, Klammer oder Kettchen den Langbinder auf halber Höhe ans Oberhemd fesselt, verdankt der Fortentwicklung der kroatischen Halsbinde seine Existenz. Seine Verbreitung aber kam erst mit dem laxer gehandhabten Umgang zustande, den der Comment der Herrenmode erfahren mußte.

Der Metamorphose des Beinkleids zur Hose nämlich folgte die Entbehrlichkeit der Weste. Damit aber wuchs die Gefahr für den Schlips, ein Bad im Suppenteller zu nehmen. Klammer, Spange oder Kettchen schoben solcher Gefahr einen, wenn auch nicht immer zuverlässigen, Riegel vor.

In den Vereinigten Staaten, wo der Freizügigkeit männlicher Bekleidung globale Pionierdienste geleistet worden sind, ist dieses Zubehör zum Gegenstand eindrucksvoller Gestaltungskunst gediehen, die auch die Heroen unseres Zeitalters, von der Mickymaus bis zum Astronauten, nicht zu kurz kommen läßt.

Da auch hierzulande so mancher Mann dem amerikanischen Vorbild gefolgt ist und die Jacke fallenläßt, ist die zeitweilig untergetauchte Spange quer über dem breiten Ende des Kulturstricks bei uns wieder modern: Ein schöner Beleg zugleich für die unverbrüchliche transatlantische Wertegemeinschaft. Die Krawattennadel aber scheint endgültig im kulturhistorischen Museum des Alltages ihren Platz gefunden zu haben. Ist das als Erfolg der Abrüstung männlicher Eitelkeitsinsignien zu sehen?

Das wohl, leider, nicht.

Nie wäre der Schlipsnadel- und Westenträger in den Tagen der unbestrittenen Männerherrschaft auf die Idee gekommen, sich ein Goldkettchen um den Hals zu schlingen oder gar einen Ring im Ohrläppchen zu befestigen, wie es seit dem Fortschritt in der Gleichberechtigung zwischen Frau und Mann geschieht.

Aber was beweist das letztlich? Doch nur, daß auch der Schönheitssinn des Mannes, in trägeren Frequenzen zwar, lebt und seine ihm angemessenen Formen sucht und findet. Das war schon beim adamitischen Menschen so, der sich sein Feigenblatt möglichst zierlich anordnete, und das bewies die Perlennadel in der Krawatte, und das ist nicht anders, wenn sich der krawattenlose Mann mit einem Ohrring zeigt. „Es ist alles ganz eitel“: So hat es schon vor zweitausend Jahren in Jerusalem oder Alexandria ein Aphoristiker gesagt, der sich Kohelet oder griechisch Ecclesiastes nannte und als Prediger Salomo bekannt geworden ist.

DIE BASKENMÜTZE

Manches hält sich sozusagen als Erinnerungsposten, was sonst längst aus der Mode gekommen ist. Selbst in Frankreich trägt man das Béret nicht mehr. Aber gelegentlich sieht man hierzulande die Baskenmütze doch noch, etwa auf dem Kopfe des alten Herrn mit der ausgebeulten Aktentasche früher Jahre, der immer so lange in der Buchhandlung herumstöbert.

Das ist aber kein Besucher aus dem Baskenlande, wo die schirmlose Wollfilzmütze herstammt, sondern jemand, der von einer praktischen Gewohnheit einfach nicht lassen mag.

Denn die Baskenmütze zählt, man muß leider sagen: zählte, zu den patentesten Kopfbedeckungen. Sie ließ sich leicht in der Mantel- oder Jackentasche verstauen. Gebot es das Wetter, erzeugte sie im Oberstübchen die erwünschte Wärme. Und sie zierte. Selbst dem langweiligsten Eierkopf verlieh sie einen gewissen Pli. Jahrzehntelang galt die Baskenmütze in germanischen Landen denn auch als Ausweis für die Zugehörigkeit ihrer Träger zu den Intellektuellen, etwa nach dem Motto: Darunter steckt immer ein

kluger Kopf. In dieser Funktion erlebte sie ihre Blütezeit in den Jahren der Weimarer Republik. Wer sich seinerzeit so bedeckelte, wurde eher der unbürgerlichen Spielart zugerechnet, während die bürgerliche Richtung sich zwischen dem weichen Filzhut und dem härteren Homburg ausdrückte. Der Hut von Thomas Mann war stets um einige Grade härter als der seines Bruders Heinrich.

Zu Beginn der vierziger Jahre geriet die Baskenmütze in den Verdacht subversiver Umtriebe ihrer Träger. Die nationalsozialistischen Machthaber im besetzten Elsaß-Lothringen verboten sie per Erlaß als „Franzosenmütze". Nach dem Zweiten Weltkrieg aber kam sie wieder zu Ehren, weniger als politischer Point d'honneur als aus praktischen Gründen, mit denen dem Mangel an Kopfbedeckungen begegnet wurde. Ihre Aussagekraft war damit weniger differenziert, und ihren Symbolgehalt hat sie seither gänzlich verloren.

Getragen wurde sie in deutschen Landen seit den siebziger Jahren dann aber wieder massenhaft und verordnet – von den Staatsbürgern in Uniform in den satten Farben ihrer Waffengattungen. Doch das ist ein anderes Kapitel der Baskenmütze, auf das hier nur als Fußnote verwiesen wird. Der schöpferische Mensch hatte schon vor dem Erscheinen der Baskenmütze hierzulande einen unübersehbaren Hang zur flachen Kopfbedeckung. In der zweiten Hälfte des neunzehnten Jahrhunderts tat er sich in der gesteigerten Vorliebe für das Barett kund, äußerlich eine nur stofflich, nämlich durch üppige Form und Gehalt (Samt), ausschweifendere Variante der Baskenmütze. Doch kann das Barett auf seine eigene, viel ältere Herkunft aus dem Mittelalter hinweisen. Jeder kann das im Museum auf Bildern seit Ende des fünfzehnten Jahrhunderts nachprüfen.

Das Barett war lange Zeit nicht bestimmten Ständen zugeordnet. Auch von Landsknechten wurde es getragen (womit zwischen ihm und der Uniform der Bundeswehr kein verbindender Bogen hergestellt werden soll), wie das Lied „Vom Barette schwankt die Feder" mitteilt. Allerdings entstand diese musikalische Würdigung erst 1893, als Feder und anderes schmückendes Zubehör, wie es das Barett der Renaissance noch gekannt hat, längst abgerüstet waren.

Im neunzehnten Jahrhundert wählten vor allem bildende Künstler und Komponisten den bauschigen Flachdeckel als Krönung ihres Erscheinungsbildes. Besonders imposant geriet das bei Richard Wagner, dem Bayreuther Meister. In gewissen Amtstrachten hat das Barett bis in die Tage der zweiten deutschen Republik ein eher repräsentatives Dasein gefristet. Die studentische Achtundsechziger-Bewegung haute den Magnifizenzen, die seitdem einfach Hochschullehrer heißen, auch das Barett vom Kopfe. Durch einen listig ausgetauschten Vokal hat es sich aber erhalten – als Birett der katholischen Geistlichkeit.

DIE BOTANISIERTROMMEL

S chon zu Zeiten, als ihr Nutzen anerkannt und sie landläufig verbreitet war, muß der Botanisiertrommel etwas von einem Kuriosum angehaftet haben. Die Erinnerung aber hat sie als lächerliches Requisit bürgerlichen Bemühens um Naturerkenntnis bewahrt. Das immerhin hat ihr erspart, ins völlige Vergessen zu versinken.

Der grüne Blechbehälter mit Klappe und Schließe nahm Funde aus Flora und Fauna auf, die bei Streifzügen durch Wald und Flur bemerkens- und bestimmenswert erschienen. Daheim wurde der Inhalt der Trommelbüchse nach dem Linnéschen Ordnungssystem namhaft gemacht und zuweilen zwischen Buchseiten getan. So stößt man in alten Büchern hier und da noch auf verblaßte Blätter und Blumen: Geplättete Zeugnisse der Sonntagsexkursionen unserer Altvorderen in einer unbelasteten Natur.

Durchaus möglich, daß sie aus jenen Tagen stammen, in denen Theodor Storm seine Novelle „Immensee" (um 1850) verfaßte und darin beschrieb, wie und wozu damals die Botanisiertrommel genutzt wurde: „Und hatten sie dann mittags die grüne Botanisierkapsel voll Kraut und Blumen nach Hause gebracht, so kam Reinhard einige Stunden später wieder, um mit Elisabeth den gemeinschaftlichen Fund zu teilen…Nun wurden Staubfäden gezählt, Blätter und Blüten sorgfältig ausgebreitet und von jeder Art zwei Exemplare zum Trocknen zwischen die Blätter eines großen Folianten gelegt."

Was war daran eigentlich komisch? Außer der Pedanterie junger Leute eigentlich nichts.

Seinen Ruf verlor der grüne Behälter, ob Trommel oder Kapsel genannt, als eine ihm nicht zugedachte Funktion zu seinem Hauptzweck wurde.

Und davon erzählt Storms Altersgenosse Theodor Fontane 1887 in seinem Roman „Cécile". Auftritt eine scheinbar schwer zu deutende Persönlichkeit: „Seinem unteren Menschen nach hätte man ihn ohne weiteres für einen Trapper, seinem oberen nach ebenso für einen Rabulisten und Winkeladvokaten halten müssen, wenn nicht sein letztes und vorzüglichstes Ausrüstungsstück eine Botanisiertrommel gewesen wäre, ja sogar eine Botanisiertrommel am gestickten Bande…

,Botaniker', sagte Gordon zu dem Wirte vom Hotel Zehnpfund, der sich ihm mittlerweile gesellt hatte. ,Sieht er nicht aus wie Knecht Rupprecht, der den Frühling in seinen Sack stecken will?' Der joviale Hotelier jedoch, der, wie die meisten seines Standes, ein Menschenkenner war, wollte von der Gordonschen Diagnose nichts wissen und sagte: ,Nein, Herr von Gordon, die grüne Trommel, die kenn' ich; in neun Fällen von zehn ist sie Vorratskammer, am gestickten Bande aber ist sie' s immer. Nichts von Botanik.'"

Man erkennt, schon zur Zeit Fontanes war die Botanisiertrommel ihrem natürlichen Daseinszweck entfremdet, ihre Nutzung auf ähnliche Weise universell erweitert worden, wie es einige Jahre später der stadtgebundenen Aktentasche widerfuhr, die alles mögliche transportierte, Stullen und Thermosflasche zumal, aber nur in den seltensten Fällen Akten. Dieser universelle Nutzen der grünen Trommel am Bande, ob zur Aufnahme botanischer Funde für die spätere häusliche Kategorisierung und Pressung oder der Vorräte, war unbestreitbar. Sie gehörte zur Ausrüstung jedes Zeitgenossen, der sich Mutter Natur an den Busen legte,

ob nun zum Zwecke der Pflanzenerforschung oder des Frühstücks im Grünen.

Daß sich dieses nützliche Zubehör für Ausflüge nicht erhalten hat, muß Gründe haben, die außerhalb seiner Praktikabilität liegen. Es war bereits ausgemustert, bevor der botanisch interessierte Mensch mit Schmeil-Fitschen, dem Leitfaden zur Pflanzenbestimmung, seine Wißbegier an Ort und Stelle befriedigte, lange auch bevor das Ausrupfen von Pflanzen zur Umweltsünde wurde.

Wie bei anderen Gegenständen, die der Mensch in bestimmten Situationen seines Lebens für nützlich, ja unentbehrlich hält, liegen auch bei der Botanisiertrommel die Gründe, warum sie eines Tages als entbehrlich angesehen wurde und verschwand, im Dunkel. Sie hatte nicht einmal einen Nachfolger, wie es das Diplomatenköfferchen für die Aktentasche war. Hat die Lächerlichkeit sie um ihre brave Existenz gebracht? Aber warum haftet ihr diese schon bei Fontane erkennbare Fragwürdigkeit an?

Wir wissen es nicht, verweisen eine künftige Forschung auf den ungelösten Fall und bescheiden uns mit diesem in ein Buch gepreßten Ehrenblatt für sie.

DAS RASIERMESSER

Der auf Hochglanzpapier gedruckte Katalog eines Versandhauses mit dem Angebot völlig überflüssiger Sachen in feinster Ausführung stellt „eine komplette Rasierausrüstung vor, die um ein in Vergessenheit geratenes Rasierutensil erweitert ist: Die Klingenwetze aus Leder, auf der man jede Rasierklinge scharf bekommt." Die Klingenwetze lassen wir mal beiseite und wenden uns gleich der Hauptsache in der kompletten Rasierausrüstung zu, dem Rasiermesser, das uns ein „Rasieren wie in guten alten Zeiten" verspricht.

Ja, ja, die guten alten Zeiten. Alt waren sie wohl, aber auch gut?

Selbst in Frisiersalons, die jetzt Hair-Studio heißen, ist das alte Rasiermesser verschwunden. Über den Löffel barbieren lassen kann man sich dort nur noch in übertragenem Sinne. Der Löffel, der dem zahnlosen alten Herrn in den Mund geschoben wurde, um die eingefallene Wange dem Schermesser gefällig entgegenzuwölben, ist noch früher aus dem Rüstzeug des Figaros entschwunden als das Rasiermesser. Anders als noch der Lehrling vergangener Zeiten muß sein Nachfolger, der Azubi, den Schabevorgang

mit diesem Instrument nicht mehr erlernen.

Das ist auch gut so. Denn das Rasiermesser hat sich weniger mit der tadellosen Entstoppelung, die es in der Tat auf unvergleichliche Weise besorgte, in der Erinnerung gehalten als wegen seiner schaurigen Schärfe. Sie hat seine Geschichte mit zahlreichen Blutspuren begleitet.

Älteren Herrschaften sind die einschlägigen Friseurwitze aus der Kategorie des schwarzen Humors noch vertraut. Nicht umsonst hießen die Nachfolger des Rasiermessers – Schabeapparate, bei denen eine eingelegte Klinge vor Ungemach bei der Rasur bewahrte – Sicherheitsrasierapparat.

Auch in der Literatur haben das Rasiermesser und seine zweckentfremdete Nutzung einen festen Platz. Im Roman „Brighton Rock" von Graham Greene, der 1950 unter dem pompösen Titel „Am Abgrund des Lebens" als eines der ersten deutschen Taschenbücher erschien, wußte man bereits auf Seite 52, worauf es hinauslief: „Was hast du denn da in der Tasche, Pinkie?" Und: „Du hast'n Rasiermesser bei dir, Pinkie." Pinkie, der jugendliche

Übelmann, macht von seinem scharfen Tascheninhalt denn auch zielstrebig einen Gebrauch, der mit Bartentfernung nicht das geringste zu tun hat.

Die Bühnendichtung verwendet seit Homers Mauerschau die Teichoskopie als Möglichkeit, um Ereignisse außerhalb der Bühne von einem Schauspieler dem Publikum mitteilen zu lassen. Die wohl kürzeste Teichoskopie ist in Alban Bergs Oper „Lulu" (nach Frank Wedekinds „Erdgeist" und „Die Büchse der Pandora") zu finden. Die Worte „Mit dem Rasiermesser" reichen völlig aus, um einen Selbstmord im Nebenzimmer vor Augen zu führen. Dort hat der Ehemann der männerfressenden Lulu verzweifelt zum männlichen Utensil gegriffen und sich die Kehle durchgeschnitten.

Das gute alte Rasiermesser – es hat zwar die glattesten aller Männerwangen besorgt, wobei ein kleiner Schnitz rasch mit dem Alaunstift zu verschließen war. Doch seine Nennung ruft ebenso blutige, ja mörderische Geschichten in die Erinnerung. Da greift sogar der gefestigte männliche Zeitgenosse, der selbst noch Rasiermesser und Klingenwetze, Rasierpinsel und -seife gehandhabt hat, lieber zweimal täglich zum verläßlichen, weil gefahrlosen Elektrorasierer. Schaum kann er auch bei anderer Gelegenheit schlagen.

DER NACHTTOPF

S ein Verschwinden ist, frei
herausgesagt, nicht zu beklagen, seiner zu erwähnen wurde gar ein wenig degoutant, obgleich er doch vielen Generationen
unentbehrlich und bis weit in das
zwanzigste Jahrhundert hinein ein
öffentlich behandelter Gegenstand
war, bevor er als eher verschwiege-
nes Relikt von leicht anrüchiger Komik in den sechziger Jahren schließlich auch aus ländlichen Gasthöfen,
seinen letzten Reservaten, verschwand.

Fast vergessen oder verdrängt ist,
daß er die Zimmereinrichtungen
einst sozusagen krönte. Ohne ihn
fiel Jean Paul, der nicht nur ein
großer Poet, sondern auch passio-
nierter Biertrinker war, sogar das
Dichten schwer. Weswegen er bei
seinem Aufenthalt in Goethes Weimar auch so zufrieden mit seinem
Zimmer am Markt und seiner Wir-
tin war:

„Nie war ich so stubenglücklich.
Ich will nur etwas von unserem Ver-
hältnis anführen: Ein an sich geräu-
miger Nachttopf wollte doch nicht
zulangen, wenn ich gerade schrieb,
weil er und das Dintenfaß wie
natürlich in umgekehrtem Verhält-
nis voll und leer werden. Die Frau

sah, daß ich oft die Treppe in der
Kälte hinab mußte. Sie brachte mir
also einen ganz neuen bowlen-
mäßigen getragen, bei dem ich 8
Seiten schreiben kann."

Der Nachttopf, auch Nachtvase
oder Nachtgeschirr und im Nie-
derdeutschen Pißputt genannt, hat
die Unschuld seiner Existenz mit
der Verbesserung der Wohnver-
hältnisse, genauer: ihrer sanitären
Einrichtungen, verloren, woraus
auch ziemlich exakt sein Verschwinden zu datieren ist. Zurück
blieb nur das Töpfchen (Plastik!) für
die Kleinsten. Auch findet der Rei-
sende, so er sucht, im Schlafwagen-
abteil verborgen hinter einer un-
scheinbaren Klappe etwas Kerami-
sches zu diesem Zweck. Doch stößt
die Form dieser Bahn-Spezialaus-
führung selbst dann ab, wenn das
Geschirr einmal nicht abgestoßen
sein sollte.

In seiner angestammten bauchi-
gen Form und Funktion (das Wort
klassisch drängt sich fast auf) war
der Nachttopf eine Selbstverständlichkeit in allen Gesellschaftsklas-
sen. Elias Canetti, aus großbürger-
lichem Hause, legt davon in seinen
Jugenderinnerungen für die Zeit
zwischen 1911 und 1913 ebenso

Zeugnis ab wie für die volkstümliche spanische Variante der dreißiger Jahre Albert Vigoleis Thelen: In seinem Roman „Die Insel des zweiten Gesichts" beschreibt er eine offenbar landläufige Version, bei der das Symbol für das Auge Gottes, das eben alles sieht, auf den inneren Boden der Nachtvase gemalt ist.

Bevor Naßzelle und Sanitärbereich aufkamen und mit diesen Bezeichnungen kundtaten, daß die schöpferische Fähigkeit der Technik jener der deutschen Sprache auf und davongelaufen ist, stand der Nachttopf dienstbereit in jedem Nachtkastel oder unter dem Bett. Heute würde er trotz seines verborgenen Daseins das Outfit stören, da ihm der Ruch vorzivilisatorischer Zeit anhaftet.

Vergessen ist nahezu, daß der Nachthafen in frühen Zeiten über seinen eigentlichen Daseinszweck hinaus nützlich war. So diente er in Kriegs- und Revolutionszeiten als eine Art Haubitze, deren Ladung dem Gegner von wackeren Frauen aus dem Fenster auf den Kopf geschleudert wurde.

Eine Angelegenheit für volkskundliche Forschung ist die rätselhafte Funktion, die der hier behandelte Gegenstand im Grimmschen Märchen „Von dem Fischer un syner Fru" erfüllt: „Dar wöör maal eens een Fischer un syne Fru, de waanden tosamen in'n Pißputt..." Nun hat uns die Wohnungsknappheit seither zwar mit den ungewöhnlichsten und seltsamsten Unterkünften für Menschen vertraut gemacht, aber besagtes des Fischerehepaars bleibt unter allen doch einzig und läßt Fragen wie die nach der Größe offen. Eine vergleichbare Verwendung in unseren Tagen ist auch nicht aktenkundig geworden. Erhaltene und auf dem Trödelmarkt feilgebotene Exemplare, mit ganzem Henkel und blümchenbemalt, sollen hingegen zweckenteignet als Behältnis für Topfpflanzen nutzbar sein. O tempora, o mores.

DER ZYLINDERHUT

Bonn ist, als es noch eine deutsche Hauptstadt war, nicht Weimar geworden. Das war für jedermann auch daran erkennbar, daß es dem Zylinderhut nicht gelungen ist, sich in der zweiten Republik auf den Köpfen der politischen Elite festzusetzen.

In der ersten Republik war dieser schwarzseidene Herrenhut mit steifem, unverhältnismäßig hohem Kopf und fester Krempe bei offiziellen Anlässen gang und gäbe. Hindenburg trug ihn, wenn er als Reichspräsident in Zivil auftrat und die geliebte Pickelhaube im Schrank lassen mußte. Dem überzeugten Zivilisten Adenauer stand er wie angegossen, wenn er als Kölner Oberbürgermeister oder als Präsident des Preußischen Staatsrats feierlich repräsentierte. Und sogar Hitler maskierte sich 1933 mit ihm als gesitteter Bürger.

Nicht nur aus dem Staatsakt ist der Zylinderhut hierzulande verschwunden. Bis Mitte des zwanzigsten Jahrhunderts war er auch für das Erscheinungsbild des Operettenbeaus unentbehrlich, der mit dem Champagnerglas in der Hand, einen ellenlangen weißen Seidenschal fesch um den Hals drapiert, den Zylinder schief auf dem Kopfe oder gezirkelt schwingend, sich in die schmelzenden Herzen der Damen hineinträllerte und -steppte. Johannes Heesters war der Prototyp dieses Zylinderhutträgers und -schwenkers.

Seither sieht man die aufwendige Kopfbekleidung fast nur noch als Teil der Berufstracht des Schornsteinfegers, auf dem Kopf des Zirkusdirektors und des Beerdigungsunternehmers. Als Halbzylinder gehört er beim Dressurreiten zum sportlichen Dress.

Im neunzehnten Jahrhundert und in den ersten Jahrzehnten des Säkulums, das nicht nur den Zylinderhut verschwinden ließ, gehörte er als fester Bestandteil zum offiziellen Anzug, zum Frack zumal, der auch für Duelle vorgeschrieben war, weswegen der Volksmund den Zylinderhut auch als Angströhre bezeichnet haben mag.

Überhaupt, wer auf sich hielt oder Seriosität vorgeben wollte, mochte auf ihn nicht verzichten: „Der hohe Chapeau claque, welcher ihm tief im Nacken saß, gab ihm, zumal er eine Brille trug, im Verein mit dem dunklen Anzuge das Aussehen eines Geistlichen." Der so auftritt, nennt sich Tobias Preisegott Burton und einen Missionar der Heiligen des Jüngsten Tages, ist aber in Wirklichkeit einer jener Schurken, die bei Karl May den Wilden Westen bevölkern. Aber während der Frömmigkeit suggerierende Chapeau claque in „Der Geist des Llano estacado" seiner Zeit, nämlich 1888, auf den Leser nicht als Fremdkörper wirkte, hat ihn der Reclam-Verlag 1984 vorsichtshalber erklärt. „Chapeau claque: (frz.) Klappzylinder." Dieser Spezialausfertigung des Zylinderhuts war eine Mechanik eingebaut, mit deren Hilfe ihm die dritte Dimension genommen werden konnte.

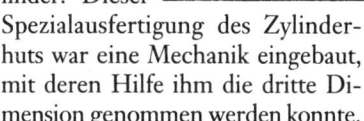

Wie so manches Stück der gediegenen Herrenmode kommt auch der Zylinderhut aus England. Dort präsentierte er sich bereits gegen Ende des 18. Jahrhunderts der Öffentlichkeit, zunächst auch farbig. Erst als er offiziellen Rang in der Kleiderordnung gewann, reduzierte er sich auf das schlichte Schwarz oder Grau, das offenbar dem Turf als besonders adäquat erschien. Der Mode war die konservative Kopfbekleidung nur durch Schwankungen in der Höhe des Kopfes ausgesetzt. Mal war er höher, mal kürzer, mal schmaler, mal strebte er steil himmelwärts. In England gehört er unverändert zum offiziellen Anzug des Gentleman. In Eton wird schon der Knabe auf ihn trainiert. Das Hofprotokoll schreibt daher auch dem Staatsgast den Zylinderhut vor, sofern er nicht in Uniform auftritt. So erquickten Photos von der Staatsvisite des ersten Bundespräsidenten die Herzen in der jungen Bundesrepublik Deutschland; Theodor Heuss stand der Zylinderhut gar prächtig.

Auch Richard von Weizsäcker war 1986 bei seinem Besuch im Buckingham-Palast komplett ausgerüstet: Cutaway mit Zylinderhut. Aber es gibt keine Bilder, die ihn mit der schwarzen Röhre auf dem präsidialen Silberhaar zeigen, obgleich sie sicherlich eindrucksvoll ausgefallen wären. Nur: Er hat den Zylinderhut zwar stets protokollgerecht bei sich gehabt, aber aufgesetzt hat er ihn nicht. Das schreibt das Zeremoniell offenbar nicht zwingend vor.

DIE GAMASCHEN

Dackeldeckchen nannte der Volksmund sie am Ende, und das zeigt, daß die Gamasche auch in jenen Jahren, als sie noch zum harmonischen Bild gediegener Herrenmode gehörte, bereits der allseitigen Anerkennung und Wertschätzung entraten mußte. Das war, als man das männliche Beinkleid Hose nannte.

Dabei hat die Gamasche, diese über Strumpf und oberen Schuhteil (Stiefel) getragene knöpfbare (in ihrer Endphase durch den Druckknopf auf den äußersten technologischen Stand gebrachte) Beinbekleidung eine vielfältige Funktion erfüllt. Nicht nur bereicherte sie das Erscheinungsbild des soignierten Herrn, wie uns Photographien etwa des Lübecker Patriziersohns Thomas Mann beweisen; sie hielt auch die dem Frösteln besonders anfällige, weil minder ausgeprägte Männerwade mollig warm, indem sie der Kältestrahlung des Erdbodens in der kühleren Jahreszeit an fragiler Stelle entschieden Halt gebot.

In gewissen, nämlich studentischen Kreisen, die zu allen Zeiten zur Aufmüpfigkeit gegen die etablierten Sitten neigen, erfuhr die Gamasche schon um die Jahrhundertwende unangemessenen Hohn und Spott. In dem 1906/1907 erschienen Roman „Prinz Kuckuck – Leben, Taten, Meinungen und Höllenfahrt eines Wollüstlings" von Otto Julius Bierbaum hat ein gewisser Henry Felix Hauart, wegen eines Paletots mit talergroßen Perlmutterknöpfen und seiner Gamaschen beim Eintritt in die schlagende Verbindung Pommerania einiges auszustehen: „Aber, Leibfuchs, du hast da so Dinger unter den Hosen herausgucken; man nennt sie, wenn ich nicht irrig bin, Gamaschen. Diese abzutun befehle und gebiete ich dir bestimmt. – Was blieb also dem gerüffelten Fuchs nach dieser glänzenden Abfuhr anderes übrig, als sie auf der Stelle auszuziehen? Sie kamen mit einem Zettel, auf dem geschrieben stand ‚Henry Felix Hauarts Verirrung', ins Pommern-Museum." Hauart aber muß sich fortan in der Verbindung „Gamasche" nennen lassen.

Als ziviles wie zivilisatorisches Accessoire im abgerundeten Erscheinungsbild des besseren Herrn hat die Gamasche ihre Laufbahn zwischen den beiden Weltkriegen beendet. Überlebt hat sie sprichwörtlich, trotz ihres komplizierten sprachlichen Ursprungs, den der Duden als „arab.-span.-provenzal.-fr." angibt. Zwar ist auch das Kasernenwort vom Gamaschendienst, das einen kleinlichen Dienstbetrieb (wegen der zahlreichen Knöpfe an den Militärgamaschen des 18. Jahrhunderts) bezeichnete, aus der Mode gekommen und ersetzt worden durch das umfassendere Kürzel 08/15. Dafür bezeichnet der Sprachgebrauch in Norddeutschland noch immer den Angsthasen als jemand, der Gamaschen ha-

be (während dem Furchtsamen südlich des Mains Manschetten nachgesagt werden). Warum wohl? Der Sprachgebrauch verliert sich im Dunkel seines Ursprungs, einem dankbaren Gelände für Spracharchäologen. Sollte man sich heute, da sich der innovatorische Geist der Mode gern der Belle Époque zu erinnern pflegt, nicht auch auf die Gamasche als Bekleidungsstück besinnen, sie der Vergangenheit entreißen und damit dem Bilde vom feinen Herrn mit Dackeldeckchen zur Renaissance verhelfen?

DER ROSSAPFEL

D er Einwand, er sei als Exponat im Museum des Alltags aus mehreren Gründen ungeeignet, nämlich zum einen, weil ihn kein Lexikon verzeichnet, zum anderen, weil er kein Produkt menschlichen Ingeniums, sondern ein Erzeugnis der animalischen Natur sei, zum dritten schließlich, weil er auch leicht anrüchig sein könne: Solchen Einspruch haben wir antizipiert und abwägend bedacht. Aber am Ende verworfen.

Denn der Pferdeapfel, von dem hier die Rede sein soll – so heißt man ihn hierzulande vornehmlich, doch gibt es weltweit auch viele andere Benennungen –, der Pferdeapfel also erfüllt wesentliche Kriterien für die Aufnahme in unser Museum: Erstens gibt es ihn in jener Gestalt und Konsistenz nicht mehr, denen er seinen Namen verdankt; zweitens war das Straßenbild in Stadt und Land durch Jahrhunderte ohne ihn nicht vorstellbar; drittens ist er sogar im Einzelfall zur metaphorischen Chiffre geworden.

Wie aber kommt es, daß ein derartiges Objekt, bedeutsam trotz des Dunkels seiner Herkunft, aus unserer Gegenwart so gänzlich verschwunden ist? Und welche Folgen hat dieser Verlust für Mensch und Tier gehabt?

Wohl liegt es nahe, auch in diesem Falle die hemmungslose Motorisierung haftbar zu machen. Es hat das Auto ja auch das Pferd als Transporteur für Mensch und Lasten radikal verdrängt. Doch hat andererseits der Reitsport in Vorstadt, Land und sportlicher Stätte zur Renaissance des Pferdegedankens geführt, ohne daß damit allerdings besagter Apfel in seiner klassischen Gestalt zurückgekehrt wäre, nämlich schön rund geformt und gelblich, ähnlich dem Golden delicious. Seinen Nachfolger, diesen formlosen Abhub, übergehen wir schweigend als unerheblich.

Weil ohne jene zentrale Bedeutung, die der Pferdeapfel sowohl für die Welt des Kleingärtners als auch für den Passer domesticus, den Haussperling, vulgo den Spatzen einst hatte. Ältere Zeitgenossen haben ihn noch erlebt, jenen edlen Wettstreit um den sozusagen frisch gebackenen, noch dampfenden Apfel zwischen Schrebergärtner und Spatzenvolk, wobei jener leicht ins Hintertreffen nicht nur mangels der Flugfähigkeit geriet, sondern weil er zur Apfelernte auch des Eimers,

Handfegers und Kehrblechs bedurfte.

Unterschätzten wir aber auch nicht den Roßbollen in seiner Bedeutung als Nahrungsgrundlage. Dem Passer domesticus wurde sie durch sein Verschwinden direkt entzogen. Doch auch das Gedeihen der schrebergezogenen Erdbeere wird seit Abhängigkeit des Pferdeapfels aus unserer Lebensmitte auf eine Art und Weise betrieben, die dem biologischen Kreislauf von Mutter Natur weniger attachiert ist. Und das Pferd? Wir können es nicht befragen. Anders als einst der Bundeskanzler Kohl, der meinte, entscheidend sei, was hinten rauskommt, würde das Pferd vielleicht dezent raten, den Blick nicht nach hinten zu richten. Zuzugeben ist allerdings, daß mit dem Verschwinden des hier in Frage stehenden Objekts für jene, die es nicht mehr gekannt haben, das Wort „Ihn sticht der Hafer" keinen Sinn mehr macht. Im Museum des Alltags mag er bei Kenntnisnahme des einschlägigen Exponats lernen, daß es Farbe, aber auch Konsistenz vor allem dem Hafer verdankt, der, geäpfelt, noch an seinen Spelzen sichtbar und offenbar fühlbar blieb.

Fritz von Herzmanovsky-Orlando hat ein Licht auf das vielfältige Dasein des Pferdeapfels geworfen, dem der Dichter aber skeptisch begegnete. Als Ursache für mancherlei, das ihm und seinem Werk schiefging, nannte er in einem Brief an seinen Freund Alfred Kubin „dämonische Roßknödel" auf seinem Lebenswege. Und in seinem Roman „Der Gaulschreck im Rosennetz" wird der Held unsanft aus seinen Träumen durch ein Geschoß geweckt, das auf seinen Schreibtisch klatscht: „Was man nach ihm durchs offene Fenster geworfen hatte, und was nun zerbröselt vor ihm lag, war eine vielfach mißachtete Kleinigkeit, durch die sich die treuen Helfer der Menschheit, die wackren Pferde, bei ihrem allerdings geringen Ordnungssinn den kommunalen Straßenreinigungsbeamten so oft unbeliebt machen."

Nicht nur im Wien des Fritz von Herzmanovsky-Orlando trog der schöne Schein der Oberfläche jenes Apfels, der Festigkeit allenfalls bei mißbräuchlicher Verwendung in einer kurzen ballistischen Wurfbahn bewahrte. Im bekannten Raum jedoch, in welchem sich hart die Sachen stoßen, mußte er zum bloßen Reinigungsproblem werden.

Obgleich ein Stück Natur, blieb dem Pferdeapfel der Artenschutz schon deshalb versagt, weil es bei seinem Verschwinden die Rote Liste noch nicht gab. Ein Plätzchen in unserem Museum des Alltags sollte ihm aber nicht verwehrt sein.

DIE FUSSBANK

Wer wüßte nicht gleich Bescheid bei diesem Anfang, einem der berühmtesten in der Literatur überhaupt: „Also sie ham uns den Ferdinand erschlagen", sagte die Bedienerin zu Herrn Schwejk…"

Schwejk reibt sich während des folgenden sinnigen Dialogs über das Attentat von Sarajewo, das den Ersten Weltkrieg ausgelöst hat, die Knie mit Opodeldok ein, denn er war „vom Rheumatismus heimgesucht". Bei dieser medizinischen Behandlung hat er sein malades linkes Bein, wie der Illustration dieser Szene durch Josef Lada zu entnehmen ist, hochgestellt, auf einen Schemel, eine Fußbank. Diesem gediegenen Möbelstück gilt unser Epitaph, denn es ist aus unserem täglichen Leben nahezu verschwunden.

Schwejks Schemel ist die Fußbank in ihrer schlichtesten Variante und deutet bereits auf seine ruhmreiche Laufbahn hin, die er in den Diensten der k.k. Armee absolvieren wird und welche sein Autor Jaroslav Hašek dann so liebreich beschreibt.

Dieses Kleinmöbel war als fester Bestandteil der ärarischen Ausrüstung freilich nicht nur Stütze für die Krieger im österreichischen Kaiserreich. Es fand sich auch in jedem preußischen Spind als offenbar unentbehrliche Grundausstattung für siegreiche Feldzüge: ein solides Stück Holz, dessen Platte in der Mitte ein Loch hatte, um es leicht handhaben zu können.

Ob nun ein Rheumatismus im Knie oder das daraus erwachsende Bedürfnis, das Bein schonsam hoch zu stellen, Ursprung des praktischen Fußbänkchens war, verdiente zwar eingehende Recherche, muß hier aber ununtersucht und vorerst der Phantasie des Lesers überlassen bleiben. Es steht jedoch fest, daß der Schemel eine weit zurückreichende Geschichte hat, in der er offenbar allen Ständen unentbehrlich zu den verschiedensten Zwecken war.

In jenen Kreisen, die als bessere bezeichnet wurden, präsentierte er sich entsprechend aufwendig im jeweils herrschenden Stil, die Beine aus edlem Holz gedrechselt, die Auflage weich gepolstert und mit Samt und Seide überzogen. So diente er auch, wie bei Führungen in jedem besseren Schloß augenscheinlich, dem fürstlichen und anderem hochgeborenen Knie als Betschemel. Das

Kleinmöbel war allenthalben praktisch und vielseitig verwendbar. Man konnte sogar ganz bequem auf ihm sitzen. Manche Konstellation erforderte das geradezu: Etwa wenn der Kavalier seine Herzensdame anhimmelte, wobei die Richtung ja vorgeschrieben war. Oder wenn das Enkelkind der Großmutter im Lehnstuhl, die nach Großmutterart etwas vorlas, lauschte. Da kommt einem doch gleich Theodor Storms „Schimmelreiter" in den Sinn: Die Urgroßmutter liest in der Rahmenerzählung, natürlich im Lehnstuhl sitzend, dem Kleinen etwas vor, streicht ihm übers Haar dabei. Der wird, wo sonst, auf dem Schemel zu ihren Füßen gesessen haben.

Noch vor jenem Kriege, in dem sich Schwejk bewährte, gehörte solch gediegen gestalteter Fußschemel zum gehobenen Interieur. Das läßt sich zum Beispiel im Kölner Museum für angewandte Kunst an einem Herrenzimmer von 1910 nachprüfen, das unter dem Schreibtisch diese bequeme Vorrichtung enthält. Auch der Jugendstil mochte auf sie nicht verzichten und erprobte seine Formenlust an der Fußbank. Heute gibt es ihn, jedenfalls in der exquisiten Variante, als Selbstverständlichkeit im Zubehör nicht mehr. Geblieben ist er als teure Antiquität.

Müssen wir der kargen Nachfolgerin überhaupt Erwähnung tun? Die simple Ausführung als unbewegliche bloße Fußstütze, zu nichts anderem zu gebrauchen und das auch nur schlecht, trifft man in der Deutschen Bundesbahn im Großraumwagen an. In der Ersten Klasse des Intercity-Zuges mit Namen „Theodor Storm" bietet sie, unter dem Vordersitz herausklappbar, der geplagten Managerwade mäßige Rast und Ruhe.

DER TRAUERFLOR

Vieles hat der Mensch zu ertragen. Er trägt, oft genug schwer, an der Sorge, am Leid, an seinem Schicksal, ja, am Leben. Die Last, die ihn, metaphorisch ausgedrückt, dergestalt beschwert, findet sich selbst in dem ins Positive gekehrten Sprachgebrauch. Denn müssen nicht auch Sympathie- und Hoffnungsträger, wie sie der Sprachgebrauch unserer Tage in Politik und Sport ausmacht, beschwert sein, sich von den Erwartungen ihrer Mitmenschen belastet fühlen?

Trauer tragen: Seit mehr als zweitausend Jahren (und erst seit kurzem nicht mehr) war das wörtlich zu verstehen und nicht nur sinnbildlich. Seit der Antike legten beim Tode eines nahestehenden Menschen die Hinterbliebenen zum Zeichen und Bekenntnis des Verlustes, der sie betroffen hatte, Trauer an, trugen Trauerkleider. Der überkommene Brauch hielt dafür die schwarze Farbe bereit.

Lange brütet der Bezirkshauptmann von Trotta (im „Radetzkymarsch" von Joseph Roth) an seinem Schreibtisch über der Nachricht vom Kriegstod seines Sohnes. „Dann stand er auf und ging, mit seinem gewöhnlichen Gang, in die Wohnung. Er holte aus dem Kasten den schwarzen Anzug, die schwarze Krawatte und die Trauerschleife aus schwarzem Krepp, die er nach dem Tode des Vaters um Hut und Arm getragen hatte. Er kleidete sich um."

Ein Trauerjahr lang bekundete das Schwarz in nach und nach differenzierten Abstufungen auch äußerlich den erlittenen Verlust, Schmerz und Kummer über ihn. Diese Übereinkunft ist zerbröckelt, hat sich auf die Begleitung beim letzten Gang reduziert. Darüber hinaus wird Trauer kaum noch öffentlich sichtbar gezeigt. Sie ist zur Privatsache geworden und wird als solche nicht mehr demonstriert. Der Trauerflor an der Alltagskleidung ist aus dem Straßenbild verschwunden, hat sich in den Trauerrand der Todesanzeige zurückgezogen. Der ständige Hinweis auf den Tod unter uns hat seine optische Allgegenwart im Leben eingebüßt.

Konventionen sind allemal anfechtbar. Auch jene, sichtbar und über eine lange Zeit an den Tod zu erinnern, mag zuweilen dem Tod unangemessen Raum über das Leben und die Erfordernisse des Weiterlebens der Hinterbliebenen eingeräumt haben. Noch in der ersten Hälfte des Jahrhunderts trugen Witwen in ländlichen Gegenden bis an ihr Lebensende Trauerkleidung. Auch der Abtrauern genannte Brauch, sich nach Ablauf des Todesjahres trist und grau zu kleiden, war als Konvention mehr belastend als befreiend und drückte besonders die sozial Schwachen, wenn sie ihre kleine Garderobe dazu einfärben ließen. Das Verschwinden des Trauerflors, das den Schluß-punkt hinter einem lange eingehaltenen Brauch setzte, hat seine Ursache aber wohl weniger in der gewollten Ablösung von Zwängen, die den Betroffenen zur Pein geraten konnten, als in der Verdrängung von Tod und Sterben. Mit der ständigen Präsenz des Sterbens auf dem Bildschirm ist es aus der Realität des Lebens verdrängt worden. Und während die Geburt eines Menschen zum Vorgang wurde, bei dem Anteilnahme durch die Gegenwart Dritter zum bezeugba-

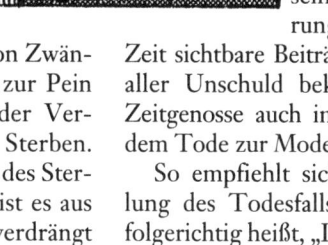

ren Ereignis wird, ist der Tod in der Einsamkeit des Sterbezimmers im Hospital zum anonymen Schlußakt geworden. So ist der Trauerflor auch als Zeichen der Zeugenschaft vom Tode, den das Leben nicht verdrängt, sondern anerkennt, verworfen worden. Trauer zu tragen, indem man Schwarz anlegt, war eine auf die Griechen und Römer zurückgehende Tradition. Sie ist bei uns an ihr Ende gelangt. Tradierte Regeln und Fristen, so belehrt uns das Lexikon, würden vor allem in den Industriestaaten kaum noch eingehalten. Zur Verdrängung des individuellen Todes, zu seiner Säkularisierung, hat unsere Zeit sichtbare Beiträge geleistet. In aller Unschuld bekennt sich der Zeitgenosse auch im Umgang mit dem Tode zur Modernität.

So empfiehlt sich zur Abwicklung des Todesfalls, wie es wohl folgerichtig heißt, „Ihr Bestattungs-team" im Inserat pietätvoll mit dem preisgünstigen Discount-Sarg. Als Schnäppchen sozusagen und zum Totlachen.

DER KAUTABAK

Nicht, daß es den Priem überhaupt nicht mehr gäbe. Sehr gut sortierte Tabakgeschäfte führen ihn in mehreren klangvollen Marken, und fragt man den Verkäufer, wer denn wohl dem Nikotingenuß in der altfränkischen Form des Tabakkauens noch fröne, erfährt man, das seien neben einigen Altanhängen des Prüntjes, wie der Priem so hübsch auf niederdeutsch heißt, zunehmend junge Leute. Mag sein. Doch die große Zeit des Kautabaks ist passé. Genau genommen waren es zwei große Zeiten.

Ältere Semester können sich noch gut daran erinnern, daß der Genuß von Kautabak in zwei Berufen üblich, ihnen regelrecht zugeordnet war. Es priemte der Seemann, und es priemte der Bergmann.

Der Sailor, der sich in Sturm und Braus erstmal ein tüchtiges Stück von der Rolle beißt, um derart gewappnet bei Windstärke 11 einen Tampen einzuholen, war noch in der ersten Jahrhunderthälfte ein gängiges und gehätscheltes Bild von Männlichkeit in der christlichen Seefahrt. Dabei war die Ursache banal. Jedermann weiß, daß das Rauchen im Seewind nicht nur nicht schmeckt, sondern sich ihm auch technische Probleme entgegenstellen. Kauen aber kann man auch bei schwerster körperlicher Arbeit. Spucken auch, die gekonnte Entfernung des Speichels über Bord ließ hygienische oder gar ästhetische Probleme in der Regel überhaupt nicht erst aufkommen.

Die Sache lag beim Tabakkauen des Bergmanns anders. Für ihre Arbeit unter Tage hatte es lebenswichtige Bedeutung. Im Kohle- und Gesteinsstaub schaffte der Priem durch seine speichelanregende Wirkung dem trocknen Gaumen des Kumpels jedenfalls eine kurze Erleichterung. Die Gewohnheit des Priemens an Land hatte indessen eine andere Konsequenz als auf hoher See. So hatte Gelsenkirchen, im Ruhrgebiet einst Hauptstadt der Steinkohleförderung, seine eigene Duftnote. Ganze Straßenzüge im Stadtteil Schalke etwa rochen nach dem mit dem charakteristischen „Tschitsch" ausgespuckten Tabaksud. In jedem Laden stand in jener Zeit der Steintopf mit dem Nordhäuser Kautabak.

Das war sozusagen schon die Apotheose des Priems. Seine große

Zeit hatte begonnen, bevor im tabakinternen Konkurrenzkampf die Zigarette als billiges Genußmittel den Sieg davon trug. Die ästhetische Schwäche des Kautabaks trat auch schon in dieser frühen Hochzeit zutage. Authentischen Anschauungsunterricht liefert uns einer der großen Romane aus dem Süden der Vereinigten Staaten. Allen Tates „Die Väter" läßt uns im Tabakstaat Virginia Zeuge der dubiosen Folgen des Priemens werden. Arg die Entsorgung wie später in Schalke: „Er spie eine bernsteinfarbene Spucke aus, die sich wabbelnd im Staube niederließ." Noch ärger das Mißgeschick einer unsachgemäßen Dislozierung: „Er schloß die Lippen und kaute mit den Kinnbacken, um seinen Kautabak aus dem Wege zu bringen. Offensichtlich hatte er in der Aufregung vergessen auszuspucken…er pausierte, er würgte, und ich wußte, daß er's geschluckt hatte…Der Redner war jetzt bleicher denn je. Ich fragte mich, was der Tabaksaft in seinem Magen anstellen mochte." Keine Frage. Aufruhr.

Im Tabakland Virginia blieb das Tabakkauen, zumal in der armen afro-amerikanischen Bevölkerung, noch lange Brauch, wie wir aus Toni Morrisons „Solomons Lied" erfahren: „King Walker glich in nichts der Vorstellung, die sein Name erweckte. Er war ein kleiner Mann; kahlköpfig, die linke Backe prall gefüllt mit Tabak."

Kautabak schuf also, wie man aus dem massenweisen Gebrauch vermuten muß, außer Erquickung und Genuß Probleme. Sie blieben am Ende und zogen unter seine große Zeit den Schlußstrich. Im Gebrauch einer quantitativ unerheblichen Minderheit teilt der Priem das Schicksal mit dem alpenländischen Schmalzler und seinen zumal bayerischen Getreuen.

Kau- und Schnupftabak haben, weil sie ihre Spuren hinterlassen, gemeinsame Appetitlichkeitsprobleme. Aber auch eine gemeinsame Herkunft. Denn von den nordamerikanischen Indianern haben wir das Tabakrauchen gelernt (leider die Friedenspfeife dabei vergessen), von ihren südamerikanischen Brüdern aber das Schnupfen und Kauen des Tabaks. Der Tabakgenuß in allen drei Formen breitete sich im 18. Jahrhundert in Europa kräftig aus. Das Tabakrauchen aber gewann die Oberhand, zunächst nach der Aufhebung des Rauchverbots auf der Straße im Deutschen Bund des Jahres 1848, dann mit der fabrikmäßigen Herstellung der Cigarette.

Was ist der Priem genannte Kautabak aber überhaupt? Ein als Rolle, Würfel oder Stange gepreßtes Produkt aus stark gesoßtem Tabak, wobei für die Würzung nebst mancherlei Geschmacksstoffen bevorzugt Rum verwendet wird. Der von der Rolle oder Stange abgebissene Priem, hinter die Backenzähne gelagert und dort auch äußerlich sichtbar, wenn es sich um einen herzhaft großen Zubiß handelt, entläßt durch gelegentliches Zutzeln oder Verlagerung in die andere Backentasche seine Aromastoffe in die Mundhöhle und auf die für das Schmecken zuständigen Gaumenwarzen, bis er ausgemümmelt ist und dem von ihm erzeugten Speichel in die Außenwelt folgt. Dort aber hat er, bei Lichte betrachtet und von der Schalker Duftnote abgesehen, auch nicht mehr Ärger verursacht als der Kaugummi, der dafür ungleich anhänglicher ist und uns auf Schritt und Tritt folgt.

Schwamm darüber.

Altes Testament

Marcel Aymé: Der Mann, der durch die Wand gehen konnte

Horst und Annelies Beyer: Sprichwörterlexikon

Otto Julius Bierbaum: Prinz Kuckuck

Hans Blumenberg: Die Sorge geht über den Fluß

Günter de Bruyn: Das Leben des Jean Paul Friedrich Richter

Wilhelm Busch: Abenteuer eines Junggesellen; Die fromme Helene Strafe der Faulheit

Elias Canetti: Die gerettete Zunge

Louis-Ferdinand Céline: Reise ans Ende der Nacht

Larry Dingman: Booksellers Marks

Heimito von Doderer: Die erleuchteten Fenster

Alfred Döblin: Berlin Alexanderplatz

Annette von Droste-Hülshoff: Werke und Briefe

Marion Gräfin Dönhoff: Kindheit in Ostpreußen

Franz Ebhardt: Der gute Ton in allen Lebenslagen

Norbert Elias: Über den Prozeß der Zivilisation

Hans Fallada: Kleiner Mann, was nun

Gustav Flaubert: Ein schlichtes Leben

Theodor Fontane: Cécile; Schach von Wuthenow Der Stechlin

Egon Friedell: Kulturgeschichte der Neuzeit

Richard Friedenthal: Luther. Sein Leben und seine Zeit

Johann Wolfgang von Goethe: Torquato Tasso

Iwan Gontscharow: Oblomow

Graham Greene: Am Abgrund des Lebens

Brüder Grimm: Märchen

Jaroslav Hašek: Die Abenteuer des braven Soldaten Schwejk

Heinrich Heine: Deutschland. Ein Wintermärchen

Fritz von Herzmanovsky-Orlando: Der Gaulschreck im Rosennetz

Heinrich Hoffmann: Der Struwwelpeter

Heinz Werner Hübner: Potsdamer Tage

Washington Irving: History of New York

Jens Peter Jacobsen: Niels Lyhne

Hans Henny Jahnn: Die Niederschrift des Gustav Anias Horn

Walter Kiaulehn: Lesebuch für
Lächler
Heinrich von Kleist: Prinz
Friedrich von Homburg
Arthur Koestler: Sonnenfinster-
nis
Nikolaj Leskov: Anläßlich der
Kreutzersonate
Sinclair Lewis: Babbitt
Heinrich Mann: Der Untertan
Thomas Mann: Buddenbrooks;
Joseph der Ernährer
Karl May: Der Geist des Llano
Estacado
Meyers Großes Taschenlexikon
Gustav Meyrink: Des deutschen
Spießers Wunderhorn
Georg Mikes: Über alles.
Germany explored
Waltraud Anna Mitgutsch: Die
Züchtigung
Toni Morrison: Solomons
Lied

Karl Philipp Moritz:
Götterlehre
Robert Musil: Der Mann ohne
Eigenschaften
Vladimir Nabokov: König, Dame,
Bube
Marcel Proust: Auf der Suche nach
der verlorenen Zeit
Wilhelm Raabe: Abu Telfan
Joseph Roth: Radetzky-Marsch
Friedrich Schiller: Kassandra
Wallensteins Lager
Theodor Storm: Immensee
Erwin Strittmatter: Der Laden
Allen Tate: Die Väter
Albert Vigoleis Thelen: Die Insel
des zweiten Gesichts
Kurt Tucholsky: Das Lächeln der
Mona Lisa
Cosima Wagner: Tagebücher
Otto Zimmermann: Hansa-Fibel.
Erstes Lesebuch für Hamburger
Kinder

In gleicher Ausstattung erschienen:

Manfred Sack

ALLTAGSSACHEN

Eine Sammlung von allerlei notwendigen Gebrauchsgegenständen
Graphik von Heinz Birg

„Seitengedanken" über Alltagsgegenstände: In witzig-ironischen
oder gemächlich-beschaulichen Feuilletons nimmt der
renommierte ZEIT-Redakteur Manfred Sack Alltagssachen und
den täglichen Umgang damit einmal ganz ernst,
hinterfragt Gewohntes, kommt ins Philosophieren…
Ein Plädoyer für „Gleichermaßen-Schönes-und-Nützliches",
für funktionale Logik ebenso wie für Ästhetik im Alltag.

117 Seiten mit 24 Strichzeichnungen und
48 Schwarzweiß-Abbildungen
Format 13,5 × 21 cm, Ln.
ISBN 3-85447-432-6, DM 34,–, öS 248,–, sfr 34,80

ZWEISTEINS ZAHLEN MAGIE

Mathematisches und Mythisches über einen
abstrakten Gebrauchsgegenstand
Illustrationen von Gerhard Gepp

Die rätselhaften Aspekte der Zahlen haben von jeher zu
Spekulationen, Rätseln und sogar Gottesbeweisen Anlaß gegeben.
„Zweistein" geht dem geheimnisvollen und oft überraschenden
Eigenleben der „natürlichen" Zahlen von Eins bis Dreizehn nach
und lädt den Leser in ihre komplizierte und mythenreiche Welt ein –
fernab von jeder mühevollen Mathematik.

64 Seiten mit zahlreichen Vignetten
Format 13,5 × 21 cm, Ln.
ISBN 3-85447-481-4, DM 19,80, öS 148,–, sfr 20,40

Die Deutsche Bibliothek – CIP-Einheitsaufnahme

Wördehoff, Bernhard:
Das gab's doch mal: Vielerlei Dinge, die aus unserem Alltag
verschwunden sind / Bernhard Wördehoff. Mit Ill. von Thyrso
A. Brisólla. – 1. Aufl. – Wien : Brandstätter, 1994
ISBN 3-85447-519-5

1. Auflage

ISBN 3-85447-519-5

Der Entwurf des Schutzumschlages und die graphische Gestaltung
stammen von Christian Brandstätter.
Das Lektorat besorgte Barbara Sternthal, die technische Betreuung Franz Hanns.
Gesetzt wurde in der Janson 9,5 auf 11 bei Exakta in Wien.
Die Reproduktion der Abbildungen erfolgte ebenfalls bei Exakta Wien.
Das Werk wurde beim Wiener Verlag in Himberg gedruckt und gebunden.

Christian Brandstätter Verlagsgesellschaft m.b.H.
A-1080 Wien, Wickenburggasse 26,
Telephon (0222) 408 38 14. Telefax (0222) 408 72 00